U0618418

PROJECT
DIRECTOR ▶▶▶

从零开始学
项目管理

肖祥银 ▶ 编著

中国华侨出版社

北京

图书在版编目（CIP）数据

从零开始学项目管理 / 肖祥银编著. -- 北京 : 中
国华侨出版社，2017.5（2023.7重印）
ISBN 978-7-5113-6811-9

Ⅰ. ①从… Ⅱ. ①肖… Ⅲ. ①项目管理 Ⅳ.
①F224.5

中国版本图书馆CIP数据核字(2017)第112700号

● **从零开始学项目管理**

编　　著：肖祥银
选题策划：马剑涛
责任编辑：高文喆
装帧设计：润和佳艺
经　　销：新华书店
开　　本：710毫米×1000毫米　　1/16开　　印张：14.5　　字数：224千字
印　　刷：唐山市铭诚印刷有限公司
版　　次：2018年5月第1版
印　　次：2023年7月第5次印刷
书　　号：ISBN 978-7-5113-6811-9
定　　价：45.00元

中国华侨出版社　　　北京市朝阳区西坝河东里77号楼底商5号　　　邮　编：100028
发 行 部：(010) 64443051　　　传　　真：(010) 64439708
网　　址：www.oveaschin.com　　　E-m a i l：oveaschin@sina.com

如果发现印装质量问题，影响阅读，请与印刷厂联系调换。

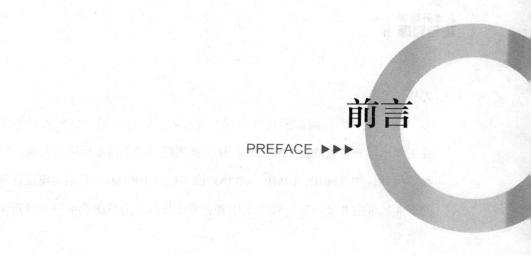

前言

PREFACE ▶▶▶

　　项目管理原本只是一种局限于某些职能领域的管理理念，比如建筑、航天等少数行业，并一度被认为是锦上添花的流程，对一般公司并没有什么实质的意义。然而，随着经济的发展，项目管理已经演变为影响公司所有职能的企业管理体系，它不仅仅是一个项目的管理过程，而且成了一种业务流程。

　　如今，越来越多的公司把项目管理作为生存的必要手段，是因为项目管理为公司提供了一整套强有力的工具，增强公司计划、实施和管理活动的能力，帮助公司完成具体的组织目标。所以，从事项目管理的人员越来越多，项目管理也因此得到了广泛的应用。

　　然而，我国项目管理水平的发展并不平衡，很多项目管理人员依旧是采用传统的管理方法，缺乏系统的项目管理知识，且与项目实施者之间缺乏必要的沟通和交流。很多企业的项目都面临着诸多问题，比如，项目进度延迟，项目成本超出预算，项目质量经常出现问题，跨部门沟通困难，项目经常出现突发事件，出现问题相互推卸责任，项目流程不统一，各自

为战，等等。

这一系列的问题都困扰着企业的管理者。因此，项目管理人员亟须在工作中得到有效的提示和指导，从而使项目管理工作变得更为有效、轻松。另外，随着PMP、IPMP、PRINCE2、CPMP和IMCP等相关项目管理的职业认证的普及，项目管理工作者也需要获得更为系统的项目管理知识的学习。

《从零开始学项目管理》一书正是基于这样的目的，试图找寻项目管理的本质问题，当然，这里不是要向各位读者探讨什么"秘籍"，要真正学会项目管理是没有捷径可走的，只有脚踏实地地刻苦学习。为了避免读者感觉晦涩难懂，本书以入门知识为基础，阐述的理论都比较浅显，但同时内容又涉及广泛，并且采用深入浅出的叙述方式，使读者更乐于阅读并引发思考。

可以说，熟读本书，你可以学习系统的项目管理理论与项目管理体系建设方法、全新的项目管理视角以及突破传统思维的全新理论与方法。这些知识都将让你从菜鸟迅速成长为一名优秀的项目管理人员。

非常幸运的是，在编写本书的过程中得到了很多相关行业的同事和同人的帮助，在此对他们的无私分享表示衷心的感谢。最后，相信本书耳目一新的项目管理思维能帮助你激发管理创新活力，也希望本书能引发你的思考，开拓你的视野，让你成为卓越的项目管理者！

目录

CONTENTS ▶▶▶

第6章▶ 质量管理，达标是项目追求的最高标准

第 1 章
项目管理的概念和流程

项目管理的定义

1. 什么是项目管理

项目管理从字面上的理解就是"对项目进行的管理",当然这只是其最初的概念,不过从这里,我们可以看出两个方面的内涵,一个是项目管理属于管理的范畴,另一个是项目管理的对象是项目。

随着项目及其管理实践的发展,项目管理的内涵也得到了充实和发展。现在我们所讲的项目管理一般是指为达到项目目标,项目负责人和项目组织运用系统理论和方法,对项目进行全过程和全方位的策划、组织、控制、协调的总称,它已经成了一种新的管理方式。

管理一个项目时,通常我们首先需要识别需求,也就是说在规划和执行项目时,处理干系人的各种需要、关注和期望;其次就是平衡相互竞争的项目制约因素,比如范围、质量、进度、预算、资源、风险等方面。

当然了,具体的项目会有具体的制约因素。这些因素间的关系是任何一个因素发生变化,都会影响至少一个其他因素。例如,缩短工期通常都需要提高预算,以增加额外的资源,从而在较短时间内完成同样的工作量;如果无法提高预算,则只能缩小范围或降低质量,以便在较短时间内以同样的预算交付产品。

因此，为了取得项目成功，项目团队必须能够正确分析项目的状况以及平衡项目的要求。由于可能发生变更，项目管理计划需要在整个项目生命周期中反复修正、渐进明细。渐进明细是指随着信息越来越详细和估算越来越准确，而持续改进和细化计划。它使项目管理团队能随项目的进展而进行更加深入的管理。

总结来说，项目管理贯穿于项目整个寿命周期，它是一种运用既规律又经济的方法对项目进行高效率的计划、组织、指导和控制的手段，并在时间、技术和费用上达到预定的目标。

2. 项目管理包含的要素

要想彻底地了解项目管理，就必须理解其所涉及的各种要素，也可以说是体系。在早期的项目管理中，人们主要关注的是项目的成本和进度，后来又扩展到质量。直到最近十几年，项目管理才逐渐发展成为一个涵盖5个具体阶段、9大知识体系的单独的学科分支。

项目管理是通过合理运用与整合42个项目管理过程来实现的。可以根据其逻辑关系，把这42个过程归类成5大过程组（5个阶段：启动、计划、实施、监控、收尾）及以下9大知识体系。

（1）项目整体管理。项目整体管理是为了正确地协调项目所有各组成部分而进行的各个过程的集成，是一个综合工程。其核心就是在多个互相冲突的目标和方案之间做出权衡，以便满足项目利害关系者的要求。

（2）项目范围管理。项目范围管理就是确保项目不但完成全部规定要做的，而且也是完成规定要做的工作，最终成功地达到项目的目的。基本内容是定义和控制列入或未列入项目的事项。

（3）项目时间管理。其作用是保证在规定时间内完成项目，要求培养规划技巧。有经验的项目管理人员应该知道，当项目偏离规划时，如何让它重回规划。

（4）项目费用管理。项目费用管理，是为了保证在批准的预算内完成项目所必需的诸过程的全部。要求项目管理人员培养经营技巧，处理诸如成本估计、计划预算、成本控制、资本预算以及基本财务结算等事务。

（5）项目采购管理。项目采购管理，需要进行的过程都是为了从项目组织外部获取货物或服务。项目管理人员应掌握较强的合同管理技巧。例如，应能理解定价合同相对于"成本附加"合同所隐含的风险，应了解签约中关键的法律原则。

（6）项目风险管理。项目风险管理，需要识别、分析不确定的因素，并对这些因素采取应对措施。项目风险管理要把有利事件的积极结果尽量扩大，而把不利事件的消极后果降到最低限度。风险管理模式通常由三个步骤组成：风险确定、风险影响分析以及风险应对计划。

（7）项目人力资源管理。项目人力资源管理，是为了保证最有效地使用参加项目者的个别能力。着重于人员的管理能力，包括冲突的处理、对职员工作动力的促进、高效率的组织结构规划、团队工作和团队形成以及人际关系技巧。

（8）项目沟通管理。项目沟通管理，是在人、思想和信息之间建立联系，这些联系对于取得成功是必不可少的。参与项目的每一个人都必须准确用项目"语言"进行沟通，并且要明白，他们个人所参与的沟通将会影响到项目的整体。项目沟通管理是保证项目信息及时、准确地提取、收集、传播、存贮以及最终进行处理。

（9）项目质量管理。项目质量管理，是为了保证项目能够满足原来设定的各种要求。要求项目管理人员熟悉基本的质量管理技术。例如：制作和说明质量控制图、实施80：20规则、尽力达到零缺陷等。

3. 了解项目特性是管理之重

不懂项目管理，肯定无法成为一个合格的项目管理人员，而要懂管理，就必须先了解项目。我们知道，每个项目都是独特的，做项目不可避免地会存在各种各样的风险。那么，如何将风险降到最低，让问题在一开始就得到很好的处理，那就必须对项目有透彻的了解。

项目的含义，前面我们介绍过了，简单地说就是在规定的时间和环境内，利用有限的人力、物力、财力等资源达成某种目标的任务。然而，简单地了解项目的含义还不够，我们还必须清楚项目所拥有的特性，这样才能更好地完成项目。

（1）普遍性。我们身边处处存在项目，大多数人开口闭口就是项目。确实，"项目"一词随着经济的发展越来越常见，比如小到一个人的婚礼，大到南水北调工程，这都是项目。项目的普遍性使项目管理也具有普遍性，可以说任何一个项目都离不开项目管理。

（2）一次性。一次性是项目与其他重复性运行或操作工作最大的区别。项目有明确的起始时间和结束时间，没有可以完全照搬的先例，也不会有完全相同的复制。项目的其他属性也是从这一主要的特征衍生出来的。

（3）独特性。每个项目都是独特的。或者其提供的产品或服务有自身的特点；或者其提供的产品或服务与其他项目类似，然而其时间和地点、内部和外部的环境、自然和社会条件有别于其他项目，因此，项目的

过程总是独一无二的。

（4）冲突性。项目是复杂的，项目与职能部门之间为了资源和人员配备而相互竞争。更为严重的是，随着各种项目的蓬勃发展，项目与项目之间在多项目并行的组织内部展开了资源竞争。项目团队的成员几乎总是处在冲突之中，不停地为解决项目问题而争夺资源和领导权。所以，做好项目就必须解决好冲突。

（5）目的性。项目管理必须有确定的目标，在规定的时段内或规定的时间点之前完成可交付的成果，项目的最终都要有一定的产出——提供某种规定的产品或服务。项目在既定的资源基础上进行，要使得项目在不浪费资源的前提下产出可交付物，项目管理就派上用场了。

（6）制约性。任何项目都是在一定条件下进行的，包括人力约束、费用约束、时间约束、质量约束、环境约束等。尤其是质量、进度、费用是项目必须进行制约的三个要素。只有有所制约，项目才能按期有质量地完成。

项目的生命周期

1. 什么是项目生命周期

任何项目都会有自己的生命周期，可能有人会说，项目都是一次性的，为什么还存在"项目周期"呢？的确，单从一个项目来看，是不应该用周期来描述的。不过，如今的项目实施是一个接一个，一个组织可能在同一时期做多个项目，从这里来讲，"项目周期"的存在就比较合理了。具体来说，项目生命周期是指任何一个项目按照自身的运行规律，从项目设想立项，直到竣工投产，收回资金达到预期目标的过程。这个过程中每一个阶段的完成都会引出下一个阶段，最后一个阶段的完成又会有新的项目开始。这种循环就可以称为项目的生命周期。

项目的生命周期按照国际上的分法，通常包括概念阶段、开发（规划）阶段、实施阶段和收尾阶段。如图1-1所示。

（1）概念阶段。一个项目的确立不是心血来潮就上马，而是需要认真探讨的。概念阶段的主要任务就是提出项目并确定是否可行。

（2）开发阶段。当一个项目最终确立了，就要着手进行准备。开发阶段最主要的就是为项目做好开工前的人、财、物及一切软硬件准备。

（3）实施阶段。一切准备好之后，接下来就是按计划启动项目了。

（4）收尾阶段。项目最后一个阶段的完成，就意味着整个项目的结束。这个时候需要做好总结和项目结束的相关工作，也就是收尾阶段。

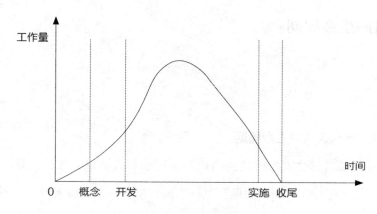

图1-1　项目生命周期分类

不过，虽然从大的层面上讲，大多数的项目生命周期都可以粗略地划分为以上四个阶段。但是，由于不同类型的项目所要开展的技术工作差别很大，所以不同类型项目的具体阶段划分也会有所不同。

一般来讲，项目生命周期中的各阶段都是首尾相接的，即在一个阶段结束后，才开始另一个阶段。然而，在某种特殊情况下，为了缩短项目的工期，也可以把两个阶段部分一同进行，即在一个阶段结束前就开始另一个阶段。

比如，建筑施工项目中的分部分项工程、软件开发项目中的各种功能模块，项目生命周期的各阶段可在每一个组成部分上重复进行。也就是说，在某一个时间段里，有可能一个组成部分处于这个阶段，而另一个组成部分则处于上一个或下一个阶段。例如，在软件开发项目中，某个模块尚在收集需求阶段，而另一个模块已进入编程阶段。

可见，不同项目的生命周期在阶段上并不是一成不变的。也就是说，我们可以根据所在组织或行业的特性，或者所用技术的特性，来确定或调整项目生命周期。虽然每个项目都有明确的起点和终点，但其具体的可交付成果以及项目期间的活动会因项目的不同而有很大差异。可以说，无论项目涉及怎样的具体工作，生命周期都能为管理项目提供基本框架。

2．项目生命周期的基本类型

了解了项目生命周期的概念，接下来有必要对其基本类型做相关的了解，以便我们更好地掌控项目。一般来讲，项目生命周期可分为预测型、适应型和迭代与增量型三种。

（1）预测型项目生命周期。

预测型项目生命周期又称为驱动型项目生命周期，是指事先详细定义项目可交付成果，尽量预测出以后需要开展的项目工作，编制出详细的项目计划，然后在执行阶段完成已定义好的项目工作和可交付成果，在收尾阶段验收并移交已完成的项目可交付成果。

预测型项目生命周期的特点是，先设计好要做的产品，再实际去做，在做的过程中一般不进行实质性变更。如果要变更，必须进行严格控制。预测型项目生命周期适用于有成熟做法、风险较低、待开发产品清晰明确的项目，如建筑工程项目。同时也适用于只能作为一个整体交付并发挥作用的项目产品。

（2）适应型项目生命周期。

适应型项目生命周期也成称为敏捷型项目生命周期，是指随用户需求的变化，通过短期迭代来逐步完善项目产品，直到生产出最终产品。它的特点

是，在每个迭代期都设计并生产出能满足用户当前需求的产品原型，并在下一个迭代期根据用户需求的变化，完善产品原型，相当于边设计边生产。

适应型项目生命周期适用于需求不能立即明确或很容易发生变化的项目，如研发项目和IT开发项目。它需要先根据用户的最初需求开发出初级产品，交给用户评审或试用；用户评审或试用后提出反馈意见，开发小组再开发出更高级的原型，并交给用户评审或试用；可以连续进行几轮试验，形成最终的产品。

（3）迭代与增量型生命周期。

迭代与增量型生命周期是指同时采用迭代和增量的方式来开发产品，迭代是通过一系列重复的循环的活动来开发产品，增量的方法是通过渐进来增加产品功能。

这种生命周期模型适用于组织需要管理不断变化的目标和范围，或是组织需要降低项目的复杂性，以及产品的部分交付有利于一个或多个干系人，且不影响最终交付。一般来说，大型复杂的项目通常采用迭代方式来实施，以便使项目团队在迭代过程中综合考虑反馈意见和经验教训，从而降低项目风险。

项目生命周期是组织项目的理想化方式，一个项目究竟适用于哪一种生命周期模型并不好说，所以即便是选择了一种生命周期模型，也可以根据项目风险情况，适当借鉴其他生命周期的管理方式。总之，方法是死的，思想是活的，我们应该根据具体情况灵活的运用。

3. 项目生命周期的特点

我们知道，项目的生命周期确定了项目的开端和结束。比如，一个组织看到了机遇，通常会进行可行性的研究，以便决定是否建立项目，而项目生命周期有助于确定将可行性研究作为项目的第一个阶段还是将其作为一个单独的项目。也就是说，项目生命周期对一个项目起着很大的作用，了解生命周期的特点对开展项目非常有利。

项目生命周期有着如下的特点。

（1）对成本和工作人员的需求最初比较少，在向后发展过程中需要越来越多，当项目要结束时又会剧烈地减少。

（2）在项目开始时，成功的概率是最低的，而风险和不确定性是最高的。随着项目逐步地向前发展，成功的可能性也越来越高。

（3）在项目起始阶段，项目涉及人员的能力对项目产品的最终特征和最终成本的影响力是最大的，随着项目的进行，这种影响力就会逐渐削弱。这主要是由于随着项目的逐步发展，投入的成本在不断增加，而出现的错误也不断得以纠正。

（4）项目生命周期每个阶段都用其工作成果作为完成标准，每个阶段都有其主要的工作任务，对于其关键的工作成果进行回顾，可以了解项目阶段的完成情况，并以此决定是否该进入下一阶段。

需要注意的是，大多数项目生命周期确定阶段的前后顺序，通常会受到一些技术转移或转让的影响，比如设计要求、操作安排、生产设计等。因此会出现在下一个阶段工作开始前，通常需要验收现阶段的工作成果的情况。不过，有时候后继阶段也会在它的前一阶段工作成果通过验收之前就开始了。这种阶段的重叠在实践中常常被叫作"快速跟进"。当然，这样的跟进必须是在风险可控的范围内实施。

项目管理的流程

1. 项目管理过程的组成

项目管理是由一系列子过程构成的，每个项目管理子过程又是由一系列项目管理的具体活动构成的。它是一个循序渐进的过程，所以不能盲目追求时间而压缩项目管理的流程，很多失败的项目，虽然原因各种各样，但都有一个共同的因素就是对流程的忽视。

一般来说，项目管理包含了五个过程：启动、规划、实施、监控与收尾，（如图1-2所示），贯穿于项目的整个生命周期。项目启动阶段要特别注意组织环境及项目干系人的分析，之后的过程中项目经理要抓好项目的监控，使项目在要求的时间、成本及质量限度内圆满地完成。

（1）项目启动阶段。

项目的启动就是一个新的项目识别与开始的过程。从这个意义上讲，项目的启动阶段显得尤其重要，这是决定是否投资以及投资什么项目的关键阶段，此时的决策失误可能造成巨大的损失。重视项目启动阶段，是保证项目成功的首要步骤。

启动涉及项目范围的知识领域，其输出结果有项目章程、任命项目经

理、确定约束条件与假设条件等。启动过程的最主要内容是进行项目的可
行性研究与分析，因为只有做出起始或继续项目或项目阶段的正确决策，
后续的项目业务才能得以开展。

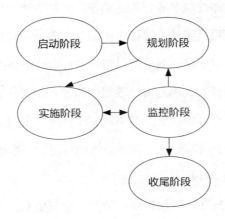

图1-2　项目管理过程

（2）项目规划阶段。

一个项目管理过程循环中的第二种具体管理是项目或项目阶段的计划
过程，它包含的管理活动内容有：拟订、编制和修订一个项目或项目阶
段的工作目标、任务、工作计划方案、资源供应计划、成本预算、计划
应急措施等工作。这是由一系列项目计划性工作所构成的项目管理具体
过程。

项目规划是项目实施过程中非常重要的一个过程。通过对项目的范
围、任务分解、资源分析等制订一个科学的计划，能使项目团队的工作有
序地开展。有了规划，我们在实施过程中才有参照，并通过对规划的不断

修订与完善，使后面的规划更符合实际，更能准确地指导项目工作。

（3）项目实施阶段。

项目实施阶段，也叫项目执行阶段。这个阶段占用了大量的资源且充满风险，因为实施过程中可能引发计划变更、基准重建，这些都会导致项目资源生产率、可用性以及项目的活动使用时间发生变化。要想避免风险的发生就必须保证项目实施的过程中不出现偏差。一旦出现了偏差，就要及时分析原因，并对项目计划或项目基准进行合理的修改。

此外，在项目开始实施之前，项目经理要把项目任务书发放给参加该项目的主要人员。因为项目任务书中对工程进度、工程质量标准、工作内容、项目范围等都有跟踪记录，能够有效地督促项目按要求实施。

（4）项目监控阶段。

项目监控阶段旨在比较项目执行情况与计划要求，发现、分析和解决偏差，保证项目执行符合计划。计划不可能编得完美无缺，执行也不可能做得完美无缺，所以，在执行的过程中出现偏差是很正常的。因为偏差的出现，所以一定要对执行过程进行监控。

监控其实是由"监督"与"控制"两个词合成的。监督是指把实际情况与计划要求进行比较，发现偏差；控制是指分析偏差，决定是否需要调整计划或对执行进行纠正，并在必要时提出与批准这种调整，如果把项目执行比喻成"走钢丝"，那么，项目监控就相当于给项目执行提供了一个可靠的安全网，使其在掉下来之后仍能再回到钢丝上去。

（5）项目收尾阶段。

一个项目通过一个正式而有效的收尾过程，不仅是对当前项目产生完整文档，对项目干系人的交代更是以后项目工作的重要财富。在经历的很多项目中，更多重视项目的开始与过程，忽视了项目收尾工作，所以项目管理水平一直未能得到提高。

项目收尾包括对最终产品进行验收、形成项目档案、汲取的教训等。另外，对项目干系人要做一个合理的安排，这也是容易忽视的地方，简单地打发回去是很不好的处理办法，也是对项目组成员的不负责任。

项目收尾的形式，可以根据项目的大小自由决定，可以通过召开发布会、表彰会、公布绩效评估等手段来进行，要根据情况采用形式，但一定要明确，并能达到效果。如果能对项目进行收尾审计，则是再好不过的了，当然，也有很多项目是无须审计的。

2. 项目管理过程之间的关系

管理过程不是独立的一次性事件，它们贯穿于项目的每一个阶段，按一定顺序发生，工作强度有所变化，并互有重叠的活动。项目生命周期的诸阶段可以看成大的管理过程，阶段之间与过程相互联系、相互制约，项目监控过程应该与其他所有过程组相互作用。

一个过程的输出通常是下一个过程的输入，或者是项目的可交付成果。比如，项目规划过程组为项目执行过程组提供了项目管理计划文件，而项目计划不可能一蹴而就，需要在项目执行和监控过程中逐步细化。

另外，随着项目的实施，变更是不可避免的，需要根据已批准的变更不断地更新项目管理计划。在执行过程组中，也需要进行阶段性的收尾工作，便于开始下一阶段的工作和任务。

在项目收尾过程中，如果发现交付物并不完全满足客户要求，还需要在执行过程中来支撑和完善。

因此，过程组极少是独立的、一次性完成的，而是在整个项目过程或

阶段中重叠。图1-3展示了项目过程组在项目或阶段内如何相互作用和不同时间内的重叠。

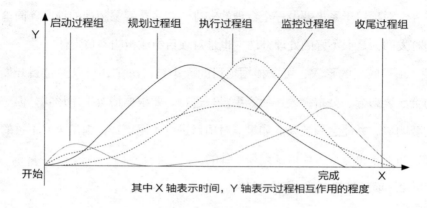

其中 X 轴表示时间，Y 轴表示过程相互作用的程度

图1-3　项目过程组的相互作用与重叠

从图中可以看出，项目监控过程组从项目开始直至项目收尾都一直存在，跨越了整个项目全过程，而项目规划过程组和项目执行过程组也几乎如此。因此，项目管理是一个综合性的过程，需协调好每一个过程与其他过程的配合、联系和作用。

项目管理的决策

1. 什么是项目决策

决策是指为了实现某一目标，根据客观的可能性和科学预测，通过正确的分析、计算及决策者的综合判断，对行动方案的选择做出决定。项目决策是指投资主体（国家、地方政府、企业或个人）对项目必要性和可行性进行技术经济评价，对不同方案进行比较选择，以及对项目的技术经济指标做出判断和决策的过程。

项目决策是项目生命周期中的重要阶段，项目决策中的正确与否直接关系到项目的成败。决策是所有管理工作中最重要的工作之一，诺贝尔经济学奖希尔博特·西蒙甚至提出"管理就是决策"的观点。

项目决策主要针对的是项目决策的阶段，通过对前期项目环境的调查与分析，进行项目建设基本目标的技术论证和分析，进行项目定义，功能分析和面积分配，并在此基础上对于项目决策有关的组织、管理、经济和技术方面进行论证和策划，为项目的决策提供依据。

项目决策策划工作在项目建设意图产生之后，项目建立之前开展，是项目管理的一个重要组成部分，是项目实施策划的前提。

2. 项目决策应遵循的原则

项目的决策是对一个复杂的、多因素的系统进行逻辑分析和综合判断的过程，包括拟建项目建设的必要性和可行性的分析论证，对项目方案的制定与选择以及对项目方案的评价与审批。为保证项目能够决策成功，避免失误，在决策过程中必须遵循下列原则。

（1）科学化原则。

项目决策要尊重客观规律，要按科学的决策程序办事，要运用科学的决策方法。为实现科学决策，应做好下列环节的工作。

① 确定投资目标。

② 围绕预定目标拟定多个实施方案。

③ 在多个方案中进行技术与经济比选。

④ 要预计方案实施过程中可能出现的变化及应采取的应急措施，要考虑到预定目标实现后的实际效果。

（2）民主化原则。

项目决策应避免单凭个人主观经验决策，应广泛征求各方面的意见，在反复论证的基础上，由集体做出决策，民主决策是科学决策的前提和基础。

（3）系统性原则。

要根据系统论的观点，全面考核与项目有关的各方面的信息，如市场需求信息、生产供给信息、技术信息、政策信息、自然资源与经济社会基础条件等信息。要考虑相关项目的建设，研究项目建设对原有产业结构的影响，分析项目的产品在市场上的竞争能力与发展潜力。

（4）效益原则。

要讲求项目总体效益最优，微观效益与宏观效益统一，近期效益与远期效益的统一。

3. 项目决策的程序

建设项目投资决策程序是指投资项目在决策过程中应遵循的客观规律与先后顺序。科学的决策必须建立在符合客观规律的决策程序基础上，这样才能避免主观性和盲目性。

（1）调查研究。

决策的目的是研究如何行动才能达到预定的目标。因此，决策的首要任务就是要确定一个正确的投资目标。目标从哪里来？这要靠在正确的经营思想指导下，通过周密的市场调查，掌握可靠的市场信息，寻找投资的机会，在此基础上确定投资目标。在拟定投资目标时，应力求具体、明确，以便执行。

（2）拟定方案。

确定投资目标和分析实现目标的环境条件，特别是其中的约束条件，这两者是不可分的。要根据选定的目标和约束条件，拟定多个可行的备选方案，供比较选择。

（3）评价方案。

对各个备选方案进行技术、经济、社会各个方面效果的分析、比较、评价，从中选出好的方案。

项目管理的意义

1. 项目管理的价值

项目管理无论是对组织还是个人，都具有一定的价值。比如在组织方面，托马斯和马尔利在《探究项目管理的价值》一书中就证明了项目管理对组织的价值。事实上，大多数组织反映项目管理方法已经创造出无形的价值，比如决策更加有效、沟通更加顺畅、合作更加有效、工作文化得到改善、工作方法得到统一、角色和职责更加明确等。

PMI认为，项目管理越来越像工程学、会计学和通用管理学那样，被视为组织所必需的一种核心学科，其投资回报率很难也不必量化，正如组织不去计算会计工作或人力资源管理工作的投资回报率一样，组织也没有必要去计算项目管理工作的财务价值，项目管理作为一种促进组织发展的有效方法，其内在价值已经得到人们的广泛认同，其对组织的无形价值主要体现在以下三个方面。

（1）提升组织的学习力。一方面，用规范的方法做事，更容易积累经验；另一方面，通过项目后评价，以后的项目会做得更好。

（2）提升组织的整合力。项目管理本质上是跨职能的，既不是单兵作战，也不是简单按组织结构图行事，而是强调把不同层级和部门的人整合在一起，从而取得非凡业绩。

（3）提升组织的执行力。项目管理强调用正确的方法取得正确的结果，就是强调执行力，如果每个员工都能按项目管理的要求，在规定的范围、时间、成本和质量等要求下完成工作任务，那么，整个组织就会有很强的执行力。

另外，项目管理方法对个人也有很大的价值。PMI所总结的项目管理对组织的三大价值也同样适用于个人。就以提升整合力为例，每个人的生活和工作中，都有许多不同的事情；每个人都可以借助项目管理中的整合管理方法把这些事情整合起来，甚至可以做到在做某件事情的同时做另一件或多件事情。这样，就能提高工作效率，取得更多的成果。

所以说，一个人要想取得较大的成功，勤奋是一方面，方法是另一方面。如果只有勤奋而没有掌握有效的工作方法，工作就没有效率。因此，只有学会有效的方法，只有"聪明地工作"，才能在激烈的竞争中立于不败之地，而项目管理的方法就是非常值得我们借鉴的。

2. 项目管理推动社会进步

如今，中国经济已经步入转型期，社会进入矛盾凸显期，改革进入攻坚期，增长进入换档期。在经济形势错综复杂、社会改革盘根错节的形势下，现有的管理手段与方法已经越来越失效。怎么办？项目管理或许是破解转型中的社会难题的有效方法之一。

为什么这么说呢？其一，项目催生新产业，带来经济增长新空间。其二，项目管理能有效减少社会运行成本，提高经济与社会运行效率。

改革开放后，我国利用众多重点项目大大推动了社会的发展。比如

宇宙空间站、载人航天、探月工程、三峡工程、核废料处置库、"人造太阳"可控核聚变装置、超级计算机、高速铁路网、航母"辽宁舰"等，这些项目都大大地促进了社会的发展。可见，项目管理正越来越受到重视，越来越成为未来工作的重点，这必将继续推动社会的发展。

第2章
组织管理，做项目
需要一个高效团队

项目的组织管理

1. 什么是项目组织管理

项目组织是指为了完成某个特定的项目任务而由不同部门、不同专业的人员组成的一个特别的临时性组织，通过计划、组织、领导、控制等过程，对项目的各种资源进行合理配置，以保证项目目标的成功实现。

一方面，项目组织有它自己的程序要求和业务目标，它要求能相对独立的运作；另一方面，项目组织又必须在母体组织的大环境下进行，必须符合母体组织的有关政策和制度，这就要求项目组织能获得明确授权，具备相当的权利与职责。

项目组活动能否有效地开展，项目目标能否取得成功，很大程度上取决于该组织的组织结构是否支持项目管理的组织方式。

2. 项目组织管理的类型

项目作为一次性任务的组织而言，客观上存在着组织设计、组织运行、组织更新和组织终结的寿命周期，要使组织活动有效地进行，就需要建立合理的组织结构。组织结构，是反映生产要素相互结合的结构形式，即管理活动中各种职能的横向分工与层次划分。

项目组织管理的形式对项目的成败有很大的影响。一般来说，典型的项目组织结构形式有职能式、项目式、矩阵式和组合式四种，每一种组织都有各自的优缺点，有其一定的使用场合。所以，在选择项目组织形式的时候最好进行具体的分析。

（1）职能式组织管理。

职能式组织管理是指按照职能以及相似性来划分部分，比如企业一般会设置计划、采购、生产、营销、财务、人事等部门。采用职能式组织形式，是把一个项目放在公司某一个与项目有最密切关系的职能部门中进行见图2-1所示，可以由该职能部门的经理或员工兼任项目经理，项目团队成员均为该职能部门的员工。必要时，其他职能部门可以提供协助。

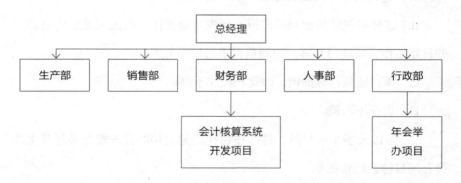

图2-1　职能式组织管理结构

职能组织结构就像一个标准的金字塔结构，高层管理者位于金字塔的顶部，中层和低层管理则沿着塔顶向下分布。这种组织形式不适合跨部门

的项目，而适合于规模小、单一专业领域、可以在一个职能部门内完成的项目。如果非要用职能式组织做跨部门的项目，那就必须把整个项目分割成一些适合由各职能部门完成的小块。综合来说，它具有以下优缺点。

① 职能组织的优点：

A. 人员使用灵活，可保持项目的连续性，项目成员离开，其他职能部门可支持。

B. 集中使用类似的资源，为相互支持创造条件。

C. 职能部门可以为本部门的专业人员提供一条正常的晋升途径。

D. 技术专家可同时被不同的项目使用。

E. 该组织结构为本部门的团队成员日后的职业生涯提供了保障。

② 职能组织的不足：

A. 技术复杂的项目通常需要多个部门的共同合作，但这种组织结构在跨部门之间的合作与交流方面存在一定困难。

B. 这种组织结构使得客户得不到应有的关注，因为职能部门有自己的日常工作，使项目和客户的利益得不到优先考虑。

C. 项目成员临时抽调，因此积极性不高。

D. 责任不明确。

E. 当涉及多个项目时，这些项目在资源使用的优先权上必然产生冲突；项目协调比较困难。

（2）项目式组织管理。

项目式组织形式是将项目从公司组织中分离出来，作为独立的单元来处理，有其自己的技术人员和管理人员，它是一个单目标的垂直组织方式。项目化组织方式是按照项目来划归所有资源的，并建立以项目经理为首的自控制单元。

项目经理在项目实施方面被赋予相当大的权力，并且可以调动整个组织内部或外部的资源。项目的所有参加人员在项目实施过程当中都被置于项目经理的直接掌握之中。如图2-2所示。

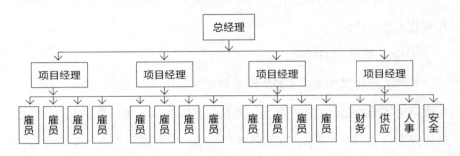

图2-2　项目式组织管理结构

① 项目式组织的优点：

项目经理对项目全权负责，因此他可以全身心地投入项目中，可以调用整个组织内部与外部的资源；沟通途径简洁，项目经理可以避开职能部门直接与高层沟通；权力的集中加快了决策的速度，使整个项目组织能够对客户的需要和高层管理的意图做出更快的响应；项目的目标是单一的，项目组成员能够明确理解并集中精力于这个单一目标，充分发挥团队精神。

② 项目式组织的不足：

A. 资源重复配置，各项目都有自己的一套班子，造成人、财、物、技术等重复配置。

B. 成员聘用时间长，为了防止某些专业人才、技术和设备的短缺，需要过早地进行人才、技术和设备储备。

C. 没有职能部门的参与，造成职能部门对项目的无动于衷，甚至反感。

D. 项目完工后，项目成员无"家"可归，得不到妥善安排。

E. 专业技术人员的工作范围可能很狭窄，这不利于专业技术的提高和专业人才的成长。

（3）矩阵式组织管理。

矩阵式组织结构是为了最大限度地发挥项目式和职能式组织的优势，尽量避免其弱点而产生的一种组织结构。其因图示表达与数学中的矩阵相似而得名，如图2-3所示。在矩阵式组织中，各职能部门中与某项目有关的人员被临时抽调出来，在项目经理的领导下从事项目工作。这些成员根据需要，平时既可以在项目部办公，也可以留在各职能部门办公。职能部门的负责人既要对他们的直线上司负责，也要对项目经理负责。

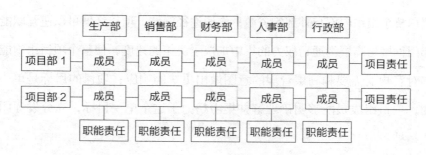

图2-3 矩阵式组织管理结构

作为职能式组织和项目式组织的结合，矩阵式组织可采取多种形式，这取决于它需要偏向哪个极端。一般来说，按照其嵌入的程度，矩阵式组织又可分为弱矩阵式、均衡矩阵式和强矩阵式三类。它在项目管理中应运得最多，适合于规模中等、涉及多专业领域的项目。它存在着以下优缺点。

① 矩阵式组织优点。

通过项目协调员使各项目目标平衡、各个功能部门条块之间的协调、项目目标的可见性；项目结束后成员仍在原部门，能减少项目组织成员的顾虑；多职能部门的参与有利于项目的技术和管理优化；各职能部门作为专业技术和人才的集中地，有利于专业技术的提高和专门人才的成长；对客户要求的响应与项目式组织一样快捷灵活，对公司组织内部的要求也能做出较快的响应。

② 矩阵式组织不足。

A. 容易引起项目经理与职能经理之间的权力斗争，以及各职能部门之间的权力斗争，各部门都想在项目上为本部门争取更多的利益。

B. 对资源的争夺，职能部门不愿意派优秀员工给项目经理。

C. 项目经理对项目成员没有足够的正式权力。对于从职能部门借来的、也许只是在项目上兼职的人员，项目经理缺乏上级对下级的正式权力。

D. 没有明确责任，项目成功时抢功，失败时推卸责任。

（4）组合式组织管理。

组合式项目形式有两种含义，一是指企业的项目组织存在职能式、矩阵式和项目式两种以上的组织形式，二是指在一个项目的组织形式中包含两种结构以上的模式，如在职能式组织结构中采取项目式的组织结构，如图2-4所示。

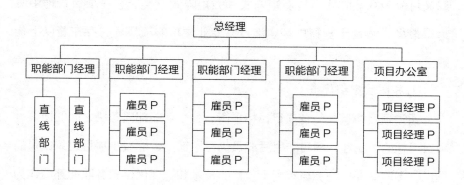

图2-4　组合式组织管理结构

　　组合式组织结构的优点在于，使公司在建立项目组织时具有较大的灵活性；其缺点就是存在一定的风险。同一公司的若干项目采取不同的组织形式，由于利益分配上的不一致性，容易产生矛盾。不过，公司可先将刚启动且尚未成熟的项目放在某个职能部门的下面，等到成熟后再将其作为一个独立的项目，从而发展成为一个独立的部门。

　　3. 项目管理办公室

　　项目管理办公室是组织中专门管理"项目管理"的常设职能部门，是随着项目管理特别是项目化管理发展而发展起来的一个概念，主要是为了减少企业中项目管理职能的成本和改进呈报高层管理者的信息质量所设立的。它不是一个决策机构和项目的管理机构，而是一个项目决策的支持机构和项目管理的服务机构。

　　项目管理办公室是提高组织管理成熟度的核心部门，它根据业界最佳实践和公认的项目管理知识体系，并结合企业自身的业务和行业特点，为组织量身定制项目管理流程、培养项目经理团队、建立项目管理信息系统、对项目提供顾问式指导、开展多项目管理等，以此确保项目成功率的提高和组织战略的有效贯彻执行。其作用主要体现在以下几个方面。

（1）为项目经理和项目团队提供行政支援，如项目各种报表的产生。

（2）最大限度地集中项目管理专家，提供项目管理的咨询与顾问服务，并将企业的项目管理实践和专家知识整理成适合于本企业的一套方法论，提供在企业内传播和重用。

（3）充当高级管理层与项目经理之间的沟通桥梁。一方面，它要用精简的报告，把相关项目的进展情况集中起来，向高级管理层汇报；另一方面，它要对项目经理开展相关培训，帮助项目经理正确理解和把握高级管理层的关注点。

（4）可以配置部分项目经理，有需要时，可以直接参与具体项目，对重点项目给予重点支持。

不过，我们需要注意的是，在不同的组织中，项目管理办公室的作用存在较大的差别。根据其作用的大小，项目管理办公室又可以分为不同的类型，主要有以下几类。

（1）战略型。战略型项目管理办公室是其发展的高级阶段。在这种情形下，下面管理办公室承担着企业项目筛选、战略目标确定与分解等任务，具有承上（战略理解）和启下（启动项目）的双重任务。这时进行项目群管理，确保所有项目能够围绕着组织的目标，并且能够为公司带来相应的利益，可直接向最高管理者汇报。

（2）指令型。直接管理一些重要的项目集和项目，组织需要规定哪些项目集和项目必须由项目管理办公室直接管理。

（3）控制型。控制型项目管理办公室在强矩阵组织结构中容易实现。在这种情形下，项目管理办公室拥有很大的权力，相当于代表公司的管理层，对于项目进行整体的管理和控制，保证项目的顺利执行，以实施项目目标和组织目标。

（4）支持型。仅充当项目集管理团队和项目管理团队的顾问。它可以给项目集管理团队和项目管理团队提供标准化的项目管理方法体系，但无权要求项目集管理团队和项目管理团队必须采用。

设立项目管理办公室并不是一件容易的事情，其建立到成熟需要三五年的时间。为了赢得高级管理人员和其他重要干系人的支持，项目管理办公室的负责人必须借助量化的指标，用事实数据来证明项目管理办公室的价值。尤其是在设立之初，不能急于求大求全，应该选择高级管理人员最关心的项目事宜作为切入点，再逐渐壮大和完善项目管理办公室。

多角色的项目经理

1. 项目经理及其扮演的角色

项目管理是以个人负责制为基础的管理体制，项目经理就是项目的负责人，有时也称为项目管理者或项目领导者。可以定义为由执行组织指派，领导团队实现项目目标的个人。主要负责项目的组织、计划和实施的全过程，以保证项目目标的成功实现。

项目经理作为项目的管理者，具有管理者的角色特点，加拿大管理学者亨利·明茨伯格提出的经理角色理论充分说明了管理者在实际工作中的角色特点。对于项目经理的角色，有人将它比作"船长"或"乐队指挥"，这都有一定的道理，暗含了深刻的见解，但还不够全面。其实，项目经理还可以扮演以下各种关键角色。

（1）规划者。项目的成功需要恰当而全面地定义整个项目，所有项目干系人全部参与，工作方法确定，所需资源在需要时能够获得，以及为妥善执行和控制项目而设计的流程落实到位。这些都需要项目经理做好规划。

（2）组织者。项目经理需要对整个项目进行把控，通过分解工作、

估算和安排进度，确定项目要完成的所有工作任务的合理完成顺序、项目的完成时间，执行者以及所要花费的成本。

（3）联络员。负责项目中所有口头和书面交流的核心联系人。

（4）促进者。确保持不同观点的项目干系人和团队成员能达成共识，与其一同努力实现项目目标。

（5）劝说者。就项目定义、成功标准及实施方法获取项目干系人的一致意见；在项目过程中管理项目干系人的期望，并同时处理时间、成本和质量方面的矛盾需求；就资源使用决策以及解决问题的行动方案达成一致。

（6）问题解决者。利用问题根源分析手段、过往的项目经验以及技术知识来解决未预料到的技术问题，并采取应必要的整改措施。

（7）保护者。项目有时候会受到政策或外部的影响，项目经理需要随时解决这些争端，使项目团队免受政治影响及周围"噪音"的干扰，确保团队专注工作。

（8）教练员。确定每位团队成员所扮演的角色，并与他们沟通这些角色的定位及其对项目成功的重要作用；寻找方法激励团队成员，提升团队成员技能，并就他们的个人表现及时给予建设性的反馈意见。

（9）监督者。一方面采取后续项目跟进措施，确认项目相关承诺已经兑现，问题已获解决，各项任务已经完成。另一方面依项目计划持续评估项目进展情况，制定必要的整改措施，并审查项目过程和项目提交物的质量。

（10）风险管理员。项目经理作为项目主要负责人，需要不断地识别风险并提前制定相应措施来应对风险事件。

2. 项目经理的职责和权力

项目经理作为项目的负责人，其责任总的来说，就是在规定的范围、时间、成本和质量等约束条件下完成项目可交付成果。项目经理是项目团队对外的唯一责任点。项目经理的具体职责取决于项目经理与项目执行组织所签订的服务合同。一般来说，项目经理的职责应该包括：

（1）参与项目启动，给高级管理层提供关于启动项目的专业协助。

（2）组建、建设和管理项目团队。

（3）领导项目计划编制工作。

（4）指导项目按计划执行。

（5）按照项目计划，监督项目执行工作，发现实际执行情况与计划的偏离。并基于所发现的执行与计划的偏离，开展必要的变更，如采取纠偏措施或调整计划。

（6）预测和控制项目风险。

（7）与项目干系人保持密切沟通，做好干系人管理工作。

（8）组织项目收尾工作，把项目产品、服务或成果移交给客户。

（9）收集项目资料，开展项目后评价，更新组织过程资产。

（10）释放项目剩余财物资源，解散项目团队。

权责对等是管理的一个原则，权大于责可能导致乱拍板，没有人承担相应的后果；而责大于权又会使管理者保守，不敢放开手脚开展工作。因此，要承担完成项目可交付成果的责任，项目经理就必须需要相应的权力。

在项目的实施中，凡是需要项目经理负责管理的地方，就应该授予相应的权力。具体来讲，应该授予项目经理以下的权力。

（1）项目团队的组建权。一是项目经理班子和管理班子的组建。项目经理需要组建一个制定政策、执行决策的机构来负责项目各个阶段的工作。所以，项目班子是项目经理的重要助手，其组建包括经理班子人员的选择、考核、聘用，奖励、监督等。二是项目团队队员的选拔权。建立一支高效、协同的项目团队是项目成功的保障。团队组建则包括专业技术人员的选拔、培训和调入，管理人员的配备，后勤人员的配备，团队的考核等。

（2）财务决策权。实践告诉我们，拥有财权并使得其个人的得失和项目的盈亏联系在一起的人，能够全面地、负责任地顾及自己的行为后果，因此，项目经理必须拥有与项目经理负责制相符合的财务决策权，否则项目就难以开展。

（3）项目实施控制权。由于资源的配置，如物质的供应及人力、财力的配备在项目的实际实施中，可能与项目计划书有出入。有时候因为外部环境的变化，项目进度无法与预期同步，这时候，项目经理就要做出调整，对整个项目进行有效的控制。

当项目经理有了这些正式权力之后，项目开展起来就顺风顺水了。但是，在临时性的项目上，项目经理的岗位是临时的，而且是在组织正常的权力结构阶梯之外的，项目团队的许多成员也是从职能部门借来的，这就有可能使得项目经理的正式权力不足。

正式权力不足就需要其他权力的补充。除了正式的职位权力，还有许多其他权力，比如作为技术或管理专家的权力，即专家权力；由于你的个人性格魅力和沟通能力，别人愿意以你为参照物，愿意向你看齐，愿意以你为榜样，即参照权力；项目经理有权对项目工作发出指示，通知和要求，即项目权力。

因此，一个优秀的项目经理，一定要善于运用专家权力、参照权力和项目权力。这值得每个人学习，只有努力培养自己的专家权力和参照权力，才能尽量淡化对正式权力的追求和依赖。因为专家权力和参照权力，才是真正属于自己并且陪伴终身的权力。

所以，在没有足够的正式权力时，"项目权力"对项目经理来说就特别重要。项目权力通常会在项目执行组织与项目经理的服务合同及其他项目合同中加以明确，项目执行组应该特别注意不要干涉项目经理履行其项目权力。这是保证项目平稳、顺利进行的基础。

3. 项目经理的知识结构与技能

项目管理的实践证明，并不是任何人都可以成为一个合格的项目经理。它需要项目经理具备相应的知识结构和技能，这样才能圆满地完成任务。那么，如何能够成为一个合格的项目经理呢？以下的知识结构和技能是不可或缺的。

（1）项目管理知识。

已经发展成为一门学科的项目管理，为项目管理者提供了完善的知识理论体系，如美国项目管理学会和国际项目管理协会的项目管理知识体系，还有我国项目管理研究会制定的中国项目管理知识体系。项目经理作为项目管理者，应该具备这些系统的项目管理理论知识，包括对项目管理专有的概念术语、管理工具和方法的熟知。

（2）通用管理知识。

通用管理知识是指管理中的一般性常识，例如管理中涉及的财务知识、法律知识、市场开拓与营销技能、人事管理方法等。这就是为什么项目管理资质考试需要具备3年管理经验作为前提条件。

（3）相关专业知识。

一些大型、复杂的项目，其工艺、技术、设备的专业性要求较强。作为项目实施的最高决策人，项目经理如果不懂技术，就很难开展工作，也容易导致项目的失败。例如，IT的项目需要懂得一些电脑和网络的知识，制药项目需要懂得一些生物化工知识，建筑安装项目需要懂得一些建筑设计、建筑力学和建筑施工知识。当然，在这些专业领域，项目经理没有必要成为专家，但必须有清楚的了解。

（4）环境适应能力。

对项目所处的社会文化背景、国际政治环境、自然环境具有较强的理解能力并能迅速适应环境，为自己的角色准确定位。这种能力往往建立在政治学、经济学、社会学、历史学、地理学和逻辑哲学的综合背景知识基础上。

（5）人际交往能力。

项目经理的人际交往能力就是与团队内、外相关人员打交道的能力。项目经理在工作中要与各种各样的人打交道，只有正确处理了这样的关系，才能使项目胜利地进行。人际交往关系能力对项目经理特别重要，主要包括表达能力、说服力、影响力、感染力、洞察力、解决问题和处理问题的能力。人际交往能力强的项目经理，才会赢得团队的欢迎，形成融洽的关系，以便有利于项目的顺利进行。

另外，还有一种更为重要的能力，就是"举一反三、持续改进"的学习纠错能力和触类旁通的领悟能力。因为对于项目管理者来说，也许项目管理知识体系中阐述的很多管理原则、程序和方法不一定完全符合你的项目的具体情况，此时你就应当具备举一反三的消化能力和持续改进的纠错能力，做到与时俱进。

4．项目经理应规避的错误

作为项目经理，任何失误都会影响项目成果的交付。因此，了解项目管理的各个基础领域中比较常见的错误，有利于帮助项目经理及其团队更专注于项目的实施，避免犯类似的错误。那么，项目经理们最常犯的错误有哪些呢？下面就来了解一下。

（1）在实施项目的时候，不能清晰理解项目如何与组织目标保持一致，或者说不能确保项目与组织目标的一致性。

（2）不能够制定切实可行的进度表，包括所有工作事项、任务关联性、从细节到总体的估算，以及均衡配置的资源等。

（3）项目计划无法获得认同与接受，甚至不能按照项目计划实施项目。

（4）不能在合适的时间利用恰当的技能获取所需资源。

（5）在整个项目过程中，不能处理好项目干系人的不同期望。且在项目目标及成功标准方面无法获得主要项目干系人的认可。

（6）不能充分管理和领导项目团队，项目成员的职责得不到明确沟通。

（7）不能利用变更控制程序来管理项目范围。

（8）不能与各主要项目干系人持续有效地沟通。

（9）不能强力跟踪督促问题的解决。

（10）不能够在项目早期处理主要风险，也不能提前识别风险并制定相应的风险应对计划。

项目在开展的过程中如何规避风险，是每个项目经理的必修课。可见，合理规避风险，把项目风险减小到最低限度是项目经理的重要职责之一。只有这样，项目才能胜利的交付，你也才能成为一名合格的项目经理。

项目团队的建设

1. 项目团队的主要特点

在现代项目管理中，项目经理需要直接领导项目团队为实现、完成具体项目目标和各项任务而共同努力，协调一致和有效地进行工作。因为团队成员的共同努力能产生群体的协作效应，从而获得比个体成员绩效总和大得多的团队绩效。

项目团队的优势还表现在可以通过团队成员之间相互沟通、信任、合作和承担责任，高效地利用有限的人力资源，而且有助于加强员工间的交流与协作。项目团队作为团队的一种特殊形式，具有其独特的特点。

（1）目标性。

每一个项目都有明确的目标，即在一定的限制条件下完成独特的项目产品或服务。项目的目标性决定了为实现这一目标而组成的项目团队也具有很强的目标性。它有明确严格的质量要求、工期要求、成本要求等多重约束。在项目团队中，项目经理及团队成员都清楚地了解所实施的项目要达到的目标、完成项目所要交付的成果及其衡量标准、所要取得的成就和由此给团队、个人带来的益处。在一定的组织结构、组织文化、项目管理技术的支持下，项目团队成员紧紧围绕着团队所要实现的目标开展一系列活动，使目标得以实现。

（2）临时性。

项目团队是为了完成某个一次性的特定任务而临时组建起来的团队，团队的生命周期较短，团队成员大多是从不同职能部门、组织机构临时借调来的，当任务完成以后，团队也随之解散，团队成员将回到原单位或因新任务和新计划与其他人员重新组成新的团队，团队的成员随着任务的变化或者需求而灵活变动，因此项目团队通常是短期的、临时的。

（3）多样性。

由于一个项目涉及的专业众多，项目团队成员经常是来自不同的管理层、不同的职能部门、不同的组织、不同的专业领域，从来没有在一起工作过的各领域专家，他们在团队中具备实现目标所需要的互补的基本技能，并且能够相互依赖、相互信任，进行良好的合作。因此项目团队是跨部门、跨专业的多样性的团队。

（4）开放性。

在项目周期的不同阶段，项目团队成员是经常发生变化的，项目团队始终处于一种动态的变化之中。随着项目的进展，团队成员的工作内容和职能常会根据项目需要进行变动，所以人员数也随之发生相应的变化。由此可见，项目团队成员的增减具有较大的灵活性，项目团队的边界是模糊的，项目团队具有明显的开放性。

2. 项目团队发展的四个阶段

一般性的团队建设指为兴趣、爱好、技能或工作等方面的共同目标而自愿组合，并经组织授权和批准的一个群体。项目团队则是由项目而组建的协同工作的团队，其在创建与发展方面也有着与一般团队的特性。根据塔克曼教授提出的团队发展的四阶段模型，可将其发展阶段分为以下四个阶段。

（1）形成阶段。

在这一阶段，项目组成员刚刚开始在一起工作，总体上有积极的愿望，急于开始工作，但对自己的职责及其他成员的角色都不是很了解，他们会有很多的疑问，并不断摸索以确定何种行为能够被接受。

在这个阶段，项目经理首先需要进行团队的指导和构建工作，向项目组成员宣传项目目标，并为他们描绘未来的美好前景及项目成功所能带来的效益，公布项目的工作范围、质量标准、预算和进度计划的标准和限制，使每个成员对项目目标有深入的了解，建立起共同的愿景。

其次，明确每个项目团队成员的角色、主要任务和要求，帮助他们更好地理解所承担的任务与项目团队成员共同讨论项目团队的组成、工作方式、管理方式、一些方针政策，以便取得一致意见，保证今后工作的顺利开展。

（2）震荡阶段。

震荡阶段是团队内激烈冲突的阶段，随着工作的开展，各方面的问题会逐渐暴露。成员可能会发现，现实与理想不一致，任务繁重而且困难重重，成本或进度限制太过紧张，工作中可能与某个成员合作不愉快。这些都会导致冲突产生、造成士气低落。

在这一阶段，项目经理需要利用这一时机，创造一个理解和支持的环境；应该允许成员表达不满或他们所关注的问题，接受及容忍成员的任何不满；做好导向工作，努力解决问题、矛盾；依靠团队成员共同解决问题，共同决策。

（3）规范阶段。

经历了震荡阶段后，团队成员之间、团队与项目经理之间的关系已经确立，大部分的个人矛盾已经得到解决，项目进入了规范阶段。这一阶段的矛盾要远远低于震荡时期。

团队成员在谈判、妥协和寻找共同点的过程中，个人的愿望与现实情形逐步统一，人们的不满情绪也逐渐减少，就一些问题达成和解，并在不同问题上达成一致。团队逐渐产生认同感，建立起一套规范、标准，形成团队成员的基础。项目团队的凝聚力形成，工作效率和动力开始增加，逐步向稳定时期挺进。

在这个阶段，项目经理应尽量减少指导性工作，给予团队成员更多的支持和帮助；在确立团队规范的同时，要鼓励成员的个性发挥；营造团队文化，注重培养成员对团队的认同感、归属感，努力营造出相互协作、互相帮助、互相关爱、努力奉献的精神氛围。

（4）辉煌阶段。

辉煌阶段是团队发展的最后一个阶段，此时成员的工作绩效很高，团队有集体感和荣誉感。团队能够开放、坦诚、及时地进行沟通。在这一阶段，团队根据实际需求，以团队、个人或临时小组的形式进行工作，相互依赖性高，经常合作且在自己的工作任务外相互帮助。团队能够感觉到高度授权，如果出现问题，就由成员组成临时小组解决问题，并决定如何实施方案。

在这个阶段，项目经理工作的重点应是授予团队成员更大的权力，尽量发挥成员的潜力；帮助团队执行项目计划，集中精力了解掌握有关成本、进度、工作范围的具体完成情况，以保证项目目标得以实现；做好对

团队成员的培训工作，帮助他们获得职业上的成长和发展；对团队成员的工作绩效做出客观的评价，并采取适当的方式给予激励。

3. 怎样建立高效的团队

一个真正高效的团队是什么样的？怎样才能建立一个高效的团队？换句话说，高效的团队都具备哪些特点呢？虽然没有哪两个团队是完全一样的，而且每个团队都有自己独特的优势，但高效团队一定具有以下特点。

（1）以工作和结果为导向。

高效的团队必须是以工作和结果为导向的，并且能够把结果做得符合要求。项目团队必是基于项目工作任务来建立成员的共同的成就感，使大家形成一个利益共同体，只有具备共同的成就感，团队成员才能自觉遵守共同的行为规则，成员之间才能够相互支持和相互合作。

（2）明确项目的目标。

这对高效团队来说非常重要，高效的团队知道他们要达到什么目的、正在做什么以及为什么这样做。他们知道项目目标以及优先级，清楚自己的角色与责任，理解自己的工作任务以及如何适配其他成员的工作。

（3）强烈的成员意识。

在高效的团队中，每个成员都有很强的成员意识，都以自己的成员身份为荣，从内心对团队有高度的认同，愿意尽力使团队的利益最大化。其实，强烈的成员意识也就是成员对团队的忠诚，成员对组织的承诺就是成员对组织的忠诚，成员之所留在组织，强烈的团队意识起着重要的作用。

（4）全身心的投入。

高效团队的成员都愿意为项目的成功而献身，他们表现出了坚持不懈的精神和要把工作做好的决心。当然，团队成员投入的动因可能不尽相同，可能是个人的特质，也可能是为了团队、为了客户或者为了组织。

（5）高效的沟通。

在高效的团队中，成员之间会开展全方位的沟通，充分共享信息。而低效率的团队，成员往往尽量滞留信息，不把信息告诉其他成员，以便利用信息使自己具有某种独特的优势。比如，两个人知道了某个消息，他们关起门来说，"千万不要让别人知道"，这就表明他们之间是一个团队，而他们与别人之间则不属于一个团队。

因此，一个愿意与别人分享信息的人，才是真正自信的人，一个愿意相互分享信息的团队，才是一个高效的团队。知识作为一种重要的信息资源，分享才能产生更大的价值。

（6）相互协作、相互信任。

高效的团队强调团队协作精神，他们知道一起工作的效率要比各自单独工作大得多。只要坚持，高效的协作终会形成，团队成员的技术和经验融合得恰到好处，让成员都形成了良好的团队意识并清楚地定义了角色和责任。

高效团队的成员之间还必须相互信任，而且信任他们的项目负责人。当然，应该认识到，信任不是一时就能达成的。展现高效的领导力，创造互相协作的团队环境，让大家都能以开放的姿态互相交流想法，才是建立信任的关键。

激励机制与绩效考评

1. 激励机制的构成要素

"激励机制"是在组织系统中，激励主体系统运用多种激励手段并使之规范化和相对固定化，而与激励客体相互作用、相互制约的结构、方式、关系及演变规律的总和。激励机制是企业将远大理想转化为具体事实的连接手段，一般来说，一个项目组织的激励机制离不开下面这四个要素。

（1）目标牵引机制。目标牵引机制主要发挥拉力作用，也就是给组织成员设定目标和期望，让员工自主选择正确的工作态度和行为，并将个人贡献纳入实现组织目标的合力中。

（2）监督约束机制。监督约束机制是通过各种规章制度、职业道德评价体系、员工守则等，对员工的行为进行约束和规范，限制其做出不符合规章制度的行为，促使其进入预定轨道。

（3）奖惩激励机制。奖惩激励机制是通过对分工授权系统、薪酬体系、绩效管理系统以及职业晋升通道等的管理，促使员工在为组织做出贡献的前提下满足自身物质和精神的需求。

（4）竞争淘汰机制。竞争淘汰是通过竞争上岗制度、人才退出制度、末位淘汰制度等手段。激发组织内部员工的压力和动力，激活人力资源，筛除不合格人员，防止员工产生惰性心理。

每一种机制对组织的作用各不相同，但是却相辅相成，缺一不可。组织行为学的研究表明，保持2%～8%的淘汰率有利于维持组织机体的健康，低于2%淘汰率会使组织缺乏活力，而高于8%的淘汰率则使组织失去稳定性。所以，只有具备这四种机制，企业才能健康发展。

2．项目绩效考评体系的建立

绩效考评是企业绩效管理中的一个环节，它决定了整个激励机制的成败，所以，在建立绩效考评体系的时候必须深思熟虑。要想建立一个合理、正确的绩效考评体系，就必须了解绩效考评的内容、绩效考评实施流程以及绩效考评要遵守的原则。

（1）绩效考评的内容。

① 工作业绩。主要是考评员工完成工作的客观结果，这是考核的核心指标。

② 工作能力。主要是考评员工个人素质的客观潜能，这是考核的辅助指标。

③ 工作态度。主要是考评员工对待工作的主观态度，这是考核的参考指标。

（2）绩教考评的流程。

① 制定标准。主要是根据项目的计划及目标制定一把衡量员工绩效的尺度。

② 收集信息。主要是收集员工在完成项目任务过程中的工作表现、

工作结果等，并将这些信息汇集成数据或资料。

③ 分析评估。主要是用制定的标准对收集的信息进行对比和测评，得出员工的考评成绩。

（3）绩效考评的原则。

① 公开透明。在进行绩效考评前，必须把考核的标准和方法告知所有员工，并获得他们的认可。

② 客观公正。在进行绩效考评时，应该严格执行考核标准，对所有员工都要一视同仁，不得出现考评标准多样化的现象，更不能主观臆断。

③ 全面细致。在进行绩效考评时，一定要保证考核的数量和信息真实、全面，要避免在数据或信息不翔实、不充分的情况下做出结论。

了解了以上三个方面的知识，就可以根据项目特征建立一个合理、正确的绩效考评体系了。不过，在绩效考评的实施流程中，在完成了制定标准、收集信息、分析评估这三个步骤后，还需要对评估的结果进行总结，进而提出调整方案，纳入新的绩效考评计划中。

3. 项目绩效考评的意义

项目绩效考评指项目绩效评估的各个主题采用科学、规范的绩效考核方法，依据一定的评价标准和程序，基于预期目标，对项目的过程及其结果的经济性、效率性、有效性和公平性进行科学、客观、公正、全面的衡量比较和综合评判。目的在于通过有效的评估过程，促进项目运作的透明性，明确项目的合理性，提高项目质量，这有着重要的意义。

（1）加强项目的自我完善和监督。

长期以来，由于缺乏明确的责任机制和有效的监督手段，项目管理中普遍存在项目投资失控、项目运行效率低下等问题，制约着项目效益的充分发挥。项目绩效考评可划分为事前、事中、事后三个阶段，这三个阶段均必须对项目的运作进行监督和控制。

通过绩效考评，可以找出项目具体运行及管理过程中存在的问题及其形成原因，明确相关责任者应当承担的责任，只有这样，才有利于建立强有力的项目追踪、问责制度和监督机制，促进提高公共资源的使用效率和效果。此外，还可以考核项目的可持续性及项目的宏观影响等方面，从而加强项目完善和监督功能。

（2）为其他项目提供借鉴的经验。

项目绩效评价有宏观评价、微观评价，有管理评价、经济评价，同时还有社会评价。项目是否能达到决策时所确定的目标、是否有对社会产生不利的影响、是否存在着重复建设的弊端，通过项目绩效考评，运用实际数据、资料来评价、分析项目实施中存在的问题，总结研究项目各阶段变化的内在联系和促成因果，可以使公共资源分配、资金使用等方面的业绩和存在问题得到真实反映。

这些评价结果可以与今后发展规划挂钩，运用评价的结论和所获得的经验教训，指导新的项目建设，从而能达到不断地提高项目管理水平的目的。因此，实施项目绩效考评可以对项目过程的立项、决策、设计、实施等方面工作进行回顾分析，从中得出经验教训，从而为以后类似项目的决策、设计方案选择和项目实施提供借鉴参考。

（3）节约资源，促进可持续发展。

经济越发达，决策失误和管理缺失造成的损失就会越大。随着经济增速加快，水、土地、矿产等资源的消耗将不断增加，资源紧缺的问题将日益凸显。如果项目负责人对项目投入产出经济效益的观念淡薄，就会造成

在建设项目时浪费资源。

因此，人们越来越意识到，建立科学有效的绩效考评与管理考核体系，是提高项目决策、运行、管理、效益投资的重要方法。在社会资源日益稀缺的今天，建立行之有效的绩效考评与管理体系，是贯彻和落实可持续发展的必然要求。

总而言之，开展项目绩效考评有利于促进项目管理部门适应经济发展的要求，促使他们为达成各自的管理目标，围绕提高效率和效益而不断地改进工作，加强组织的内部管理，发现并解决存在的问题，更好地完成项目。

第 **3** 章
项目启动前应做好
目标和范围管理

项目目标的确定

1. 定义项目要解决的问题

项目是用来解决问题的手段，有了项目目标，项目组就可以明确这个项目要解决什么样的问题，甚至是达到什么样的结果。因此，项目目标的确定非常重要，我们必须先根据需求分析的结果，确定要解决的问题是什么，只有正确地定义问题，才能确定正确的项目目标。而项目要解决的问题，就是项目要满足的主要需求。

如果不能很好地定义问题，会给项目带来怎样的影响呢？毫无疑问，项目肯定会受到拖延甚至失败，因为即便是用正确的方法，解决的也是错误的问题。遗憾的是，我们大多数人都能很好地解决问题，但对于定义问题却显得不足。这与我们的教育也是息息相关的，比如在学校里，总是老师出题（定义问题），学生做题（解决问题）。这种思维表现在工作上也是一样的。

那么，如何学会定义问题呢？我想大多数人有必要学习。因为如何定义问题，在很大程度上决定了如何解决问题。举个例子来说，我们之所以要读书，是因为想要获得一张高等学历的文凭，或者是想要掌握丰富的知识。两种不同的定义，可能带来的结果是，为了拿文凭的人在学校混日

子，想要真正掌握知识的人则非常努力地学习。可见，如何定义读书这个
问题，会给结果带来天壤之别。

我们再来看一个例子，某城市的公交站台，为了方便乘客乘车，便
在站台的两端和中间分别修建了两个台阶，这样乘客乘车就不用跳上跳下
了。这样的做法似乎很合理，其实，这是多此一举，因为就站台的高度来
讲是完全没有必要修台阶的，问题就在于完全错误地定义了问题而导致了
错误的项目。真正的问题应该是公交车司机没把车停到位，只要把车停到
位（紧挨着站台），一切问题就解决了。

所以说，确定一个项目的目标前一定要正确地定义问题。当然，定义
问题可以有多种角度、多种方法。在大多数情况下，从两个甚至两个以上
的角度去定义问题，通过比较再选择最适合自己需要的、最能从根本上解
决问题的定义，会准确得多。

总之，在进行项目的过程中，如果你发现无法取得令人满意的结果，
那肯定是在定义项目问题的时候出现了不足，这个时候只有重新定义问
题，才能给你带来一片全新的天地。

2. 确定项目目标应遵循的原则

制定任何目标都需要遵循一定的原则，项目目标也同样不例外。
SMART法则是确定项目目标必须满足的，它其实是五个英文单词的缩
写，即S=Specific（明确性）、M=Measurable（可衡量性）、A=Attainable
（可达成性）、R=Relevant（相关性）、T=Time-based（时限性）。只
有遵循这五个原则，项目目标才是有效的。

（1）明确性。

所谓明确性就是要用具体的语言清楚地说明要达成的标准。明确的

目标几乎是所有成功项目的一致特点。很多项目不成功的重要原因就是项目目标模棱两可,使目标不能有效地传达给相关成员,让人无所适从。比如,项目目标为"增强服务意识",这就显得很笼统,项目团队无法知道具体该怎么做;项目目标为"把客户的投诉率从2%降低到0.5%",这个项目目标就很明确,也就更容易取得成功。

(2)可衡量性。

制定项目目标时,目标的可衡量性应遵循"能量化的量化,不能量化的质化"的原则。使制定人与验证人有统一、标准、清晰的可衡量的标准,切忌在目标设置中使用形容词等模糊、无法衡量的描述。比如,"为所有老客户进行优惠服务",如果以此作为一种项目目标,就缺乏可衡量的数据。哪些算是老客户?如何优惠?这些都没有说清楚。如果改为"对合作期限在3年以上的老客户提供80%的优惠",就有可衡量性了。

(3)可达成性。

制定项目目标时,一定要符合实际,切忌好高骛远。如果制定的目标根本无法实现,就会给项目组带来很大的伤害,还会降低士气。比如,"本月要完成人事审批模块开发",这个目标就不符合实际,不具备可达成性。如果改为"本月,依据客户确认的人事审批模块需求,完成模块设计文档撰写、代码编写、联调自测并通过评审。时间以上传SVN配置服务器时间为依据,质量以测试报告及评审报告为依据。如因客户需求确认延迟,需求变更等因素造成交付延迟,以评审通过的变更为准",这样有了具体内容和时间规定,可达成性就大大提高了。

(4)相关性。

项目目标的相关性是指实现此项目目标与其他目标的关联情况。如果实现了这个目标，但对其他的目标完全无用或者相关度很低，那这个目标即使最后达到了，意义也不是很大。举个简单的例子，项目是对旧产品进行升级更新，如果制定的项目目标是确定客户的忠诚度，这两者之间就不存在相关性了。

（5）时限性。

时限性是指项目目标是有时间限制的，如果没有时间限制，项目的进度就无法掌握，项目完成的期限更难以掌控。加之上下级之间对项目目标轻重缓急的认识程度不同，上面着急而下面不急，就很容易导致矛盾的产生。比如，制定的项目目标是"完成对服务系统的全面升级"，这种没有时间限制的项目，自然效率低下，而如果制定的目标是两周之内完成，那整个项目就有了明确的工作目标。

总之，确定任何一个项目都必须遵循以上这五个法则。需要注意的，一定要明确定义每个目标的优先等级，因为每个人会基于自己对项目目标的理解来考虑这个需求是否要做、什么时候做、做到什么程度产生争论。只有合理地化解这些分歧，才能确保项目目标的准确性。

3. 项目管理目标的制定过程

项目目标的确定不是一个随意的过程，它在确定的过程中也有着一定的步骤。一般来讲，项目目标需要按照以下几个过程确定。

（1）项目情况分析。

主要任务是对和项目有关的整个环境进行有效分析，包括自然环境、技术环境、市场环境、上层组织系统、外部环境、项目干系人（承包商、客户、相关供应商等、政策环境、社会经济、法律环境等）。

（2）项目问题界定。

在对项目情况进行分析的过程中，往往会发现一些影响项目实施和开

展的不利因素或问题，此时就要对这些因素或问题进行分类、界定，并经过认真分析，得出这些因素或问题产生的根源和界限。

（3）确定项目目标因素。

在完成了对项目情况分析和项目问题界定这两个步骤后，基本上就可以确定明确性、可衡量性、可达成性、相关性、时限性这些目标因素会不会影响到项目的发展和成败。并且把这些影响项目发展和成败的因素具体体现在项目论证和可行性分析中，以便在项目实施的过程中作为参考。

（4）建立项目目标体系。

通过项目目标因素，对项目各层次的目标和相关各方面的目标进行确定，并对项目目标的重要性和具体内容展开表述。

（5）各目标的关系确认。

哪些是阶段性目标，哪些是期望目标，哪些是强制性（必须实现的）目标，这些目标之间有什么联系或者制约，把这些关系梳理清楚，将有助于对项目进行整体把握，并可以有效地推进项目的发展。

当一个项目按照这五个过程来制定时，一个合理、正确的项目目标基本上就可以确定下来了。

项目计划的制定

1. 制定项目计划的原则

项目计划是项目成功的关键，其不仅涉及工作任务、资源、时间安排以及成本等传统领域，还要为管理项目的变更、沟通、质量、风险及团队做好准备。因此，需把握以下原则。

（1）明确目的。项目计划的目的在于制定一份能执行和控制项目的计划，如图3-1所示。只有清楚目的，制定的计划才有可实施性，一个有目的的计划是整个项目重要的一环，也是项目成功的关键。

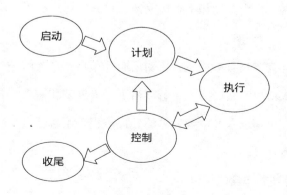

图3-1 项目计划与整个项目的关系

（2）多次反复整合。项目计划并不是一次性就能通过的，一份全面的项目计划必须经过多次的、反复的规划，这当中涉及大量输入信息的整合，并且还需众多项目干系人就计划达成一致意见。另外，随着项目的进展，计划还可能会有所调整，计划的细节也会随着项目的推进清晰地浮现出来。

（3）控制权。项目计划团队必须拥有一定的控制权，比如控制传统项目成功因素（范围、时间、成本或绩效）中的任意一个。虽然高级管理层能够控制这些因素中的多个，但项目计划团队必须控制至少一个，这样才更有利于计划的制定和实施。

（4）有效性。一个有效的计划能够催生主动型项目管理方法。在执行项目的过程中，我们会不断提出问题并采取相应的解决方法，当这些方法成为有效的经验后，就可以运用它们来管理项目和项目干系人对各方面的期望。

（5）底层性质。自上而下的方法并不适用于项目计划阶段，一个计划的制定最好是由底层来参与讨论，因为项目计划阶段主要是提出问题、促进工作进展、积极互动和不断地反馈，只有集思广益才能够使计划更加完美。

总之，作为项目计划团队，要对所有的项目干系人做一个项目干系人分析，以确认项目定义要素，了解项目干系人期望和需求，并审核关键问题、风险、变更请求以及绩效偏差的处理流程。了解了这些信息才能够制定科学的项目计划。

2. 项目计划包含的要素

古语云："谋定而后动"。"谋"就是做计划，也就是做任何事情之前，都要先做好计划。项目管理也一样，有人说项目管理就是制定计划、执行计划、监控计划的过程。的确如此，不同的项目计划制定的过程虽然不尽相同，但都包含着一些必要的要素。

（1）整体概述。这是有关项目目标和范围的简短概括，它一般是给最高管理层看的，包括项目目标说明、与企业相关的简单说明，项目管理结构的描述以及项目进度计划，等等。

（2）总体目标。是对概述部分提到的总体目标更为详细的描述，内容应包括利润、竞争目标和技术目标等。

（3）总体方法。这里指的是工作的管理方法和技术方法。技术讨论部分描述项目可行技术之间的关系。例如，该部分可能说明该项目是公司某个早期项目的扩建工程，管理的方法说明任何与常规程序偏离的部分，如使用分包商完成部分工作量。

（4）计划事项。计划的关键部分应包括所有报告要求、客户提供的资源、联络方式、咨询委员会、项目的审查和取消程序、专有权规定、任何特定的管理协议等。此外，还有技术可交付成果及其规范、交付进度以及以任何变更的具体步骤等，这些内容必须是完整的。

（5）进度计划。指各种进度安排，每一项任务都需要在计划中列出，完成每一项任务的时间估计应从实施该任务的人员那里获得，项目的主进度计划的制定即以这些时间估计为基础。负责人或者部门领导应该在最后达成一致的进度计划上签字。

（6）资源预算。一方面是指预算，针对每项任务详细列出资本和费用要求，构成项目预算，注意项目的一次性成本与重复发生的成本分开列出。另一方面是指成本监督和控制程序，除了常规要求外，监督和控制程

序必须涉及项目的某些特殊资源要求，如专用机器、测试设备以及施工、后勤、现场设施等。

（7）人员要求。是指预期的人员要求，包括特殊技能、所需培训的类型、可能的人员招募、人员组成的法律或政策限制，以及任何其他特殊要求，如安全手续等。这些内容都是预算中的重要要素，因此人员、进度计划和资源部分，应该互相核查与确保一致。

（8）风险管理。是指影响项目的潜在问题，比如技术失误、罢工、恶劣天气等。其实，这些问题都是可以预测到的。但是很多项目经理对此却不屑一顾，认为考虑过于周全会禁锢成员的发散性思维，这种想法是不成熟的。只有在初期改进项目计划，才能避免这些风险因素，它是一个比采用通常的风险管理计划更有效的风险管理方法。

这些要素都是制定项目计划不可缺少的，也是制定详细的项目预算、进度、工作计划以及总体管理计划的基础，全面考虑这些要素，是诞生一个完美项目计划的前提条件。

3. 制定项目计划的重要性

项目计划是项目管理中非常重要的一部分，有了计划，才能启动和实施接下来的项目。可以说，项目计划从一开始就决定了项目的成功与否。《PMBOK指南》中的47个项目管理过程，其中24个属于规划过程组要求做计划，可见，项目计划所占的比重。具体来说，它能够在项目中起到以下几个作用。

（1）提前解决难题并指导项目执行。

在进行项目计划的时候，很多可预知的难题都应该在计划的时候想好应对之策，使困难提前得到解决，以便于今后的项目实施起来更加顺利。

另一方面，一个好的项目经理，首先应该是项目计划编制的组织者。他们不是直接管人管事，而是管理"计划"，然后依靠"计划"去管人管事。也就是说项目不应该由领导个人来管理，而应该依靠计划来管理。项目团队成员今天该做什么事，不应该取决于领导的指示，而应该取决于项目计划中的安排。

按计划管理，员工自然就能够做到领导在与不在都一个样了，大家都按同一个计划做各自的工作，也就自然地能够协调一致了，越是需要众多人合作的工作，就越是需要事先做计划。有了计划，才能使项目更好地执行。

（2）计划是监控和收尾的依据。

项目计划规定了什么时候该做什么、实现怎样的目标等，是进行项目监控和收尾的依据。一方面，我们需要对照项目计划去考察项目的完成情况，看看所有工作是否都已完成、所有可交付的成果是否都已提交出来；另一方面，我们需要根据项目计划中所列的项目收尾程序来开展收尾工作，把项目正式关门。在《PMBOK指南》中，全部执行过程，监控过程和收尾过程都要用相应的项目计划文件作为输入。

（3）制定计划可促进团队沟通。

项目计划并不是由一个人或少数几个人制定的，而需要全体项目团队成员参与制定。由于团队成员未来也是项目计划的执行者，所以他们必须参与项目计划的制定工作，这样才会对项目计划有主人翁的责任感，在执行的时候才会有更大的积极性去实现。如果一组人制定出的计划让另一组人去完成，很可能产生抵触心理，影响项目的实施。

另外，全体团队成员在参与项目计划制定的过程中，会开展各种各

样的沟通。通过这些沟通，就可以了解彼此的想法，特别是彼此之间的共同点和不同点，有利于尽早解决分歧，防止把重大分歧带入项目的执行阶段。通过干系人之间的沟通，也可以在计划制定阶段就对项目的各种技术与管理细节进行最大程度的优化。

可见，项目制定的过程，也是一个团队沟通的过程。有了项目计划就能够在项目执行阶段极大地方便项目干系人之间的沟通，很多问题也可以在项目计划中找到答案，有利于减少项目干系人之间的误解，使项目得以顺利进行。

项目范围的确认

1. 什么是项目范围

项目范围的概念很容易被人理解为"项目所涉及的所有产出物的集合"，然而这个概念是不准确的，构成项目范围的不是产出物的汇总，而是这些产出物所引发的所有工作的汇总。真正意义上的项目范围是指项目的最终成果和产生该成果所需要做的全部工作，简单来讲，确定项目范围就是确定哪些方面是属于项目的，哪些方面是不应该包括在项目内的。

范围一词在项目管理中应包括以下三个方面的含义。

（1）产品范围。指在一项产品或一项服务中将要包括的性质和功能。

（2）产品规格。指产品或服务中包括的性质和功能具体适应什么样的工作条件和范围。

（3）项目范围。指为了交付具有特定性质和功能的产品或服务所必须做的工作，简单说就是我们要做什么，怎么去做，才能交付成果。

这里所说的产品是一个广义的概念，对于任何一个项目来说，它的最终产品可以是产品，也可以是服务，或者是二者的结合。

由此可知，项目范围的定义是基于所有产品和服务的范围定义，由一般到具体、层层深入而得到的。一个项目由许多子项目组成，每个子项目可以相对独立但又相互依存在范围当中。即使一个项目的产出为单一产品，但产品可能由很多因素组成，每个组成部分都有其各自独立的范围。也就是说要定义项目范围，首先要确定产品应具有的功能，确定产品规格，然后明确各部分的工作。

2. 决定项目范围的要素

项目范围管理会涉及工作任务的取舍。当面对这种情况时，我们该怎么来取舍项目的范围呢？具体来说，可以由四个因素决定，如表3-1所示，它们分别是市场竞争、商务模式、投资效益和操作风险，这几个因素在一定程度上决定了项目的范围。

表3-1　决定项目范围的因素

市场竞争	商务模式	投资效益	操作风险	
增减功能 增减服务 性价比	技术模式 运营模式 合作模式	投资成本 运营成本 损益比	风险概率 风险后果 得失比	项目范围

（1）市场竞争。市场竞争关系的存在，会使得项目组织不断地向客户提供更多的产品功能以及更多的服务，于是造成项目范围的不断扩展。比如，手机厂家A因为市场竞争开发手机的曲面屏，厂家B为与之竞争则开发出全面屏，厂家A为压倒B再进一步开发手机的更多功能，因为不断的竞争，双方的新产品开发项目的工作范围都会不断扩大。

（2）商务模式。商务模式不同会产生完全不同质和量的工作。比如，两家购物网站，A网站为广大商家提供一个交易平台，并从交易中收取佣金，B网站则主要以销售自己的产品为盈利目的。不同的商务模式产生的结果也是不同的，A网站更多的是维护与厂家的关系，B网站则更很注重对自己的建设。

（3）投资效益。任何项目都要考虑投资效益，如果增加工作范围的投入大于产出，就非常不可取了。比如在一个小县城建设一座体育场，但经过专家的投入产出分析，发现在相当长的一段时间内收益无法满足其运行成本，于是只好放弃该项计划。

（4）操作风险。这是影响工作范围取舍的一个重要因素。比如，在国际银行业务上，企业用订单抵押贷款是很成熟的服务项目。但这些银行一旦进入中国后就会发现这项业务并不好开展，因为资信调查系统不完善，企业弄虚作假现象比较严重，银行很难判断企业提交的订单的真实性和可靠性，最终只能放弃这项服务。

3. 项目范围管理的内容

项目范围管理是一个项目管理领域的专有名词，简单说来，就是对于在项目存续过程中项目组需要做些什么、不需要做些什么而进行的整体规范。作为一名合格的项目经理，不管是制订进度计划，还是制定预算，抑或是后续的项目进度监控，都需要建立在良好的范围管理的基础上。那么，项目范围管理包括哪些内容呢？

（1）确定项目需求。

项目范围管理的主要形式之一就是确定项目的需求。一般情况下，项目的需求包括顾客需求、市场需求、技术进步需求、商业需求、法律需求等。这些需求可以是大众需求，也可以是个体需求。只有确定了项目的需

求，项目范围的管理才能有序进行。

（2）定义项目范围。

定义规划项目的范围是指对项目目标和可交付成果的约束条件、性能指标、管理策略以及工作原则等进行定义规划。只有对项目目标和可交付成果进行了详细的定义和规划，在管理项目的范围时才能做到按计划行事。

（3）范围管理的实施。

项目范围管理的实施，是指通过活动定义对项目中实际执行的工作进行控制。以便项目经理按照项目计划实施。在这一过程中，还应分析可觉察的、潜在的和实际的范围变化，并对这些变化范围采取相应的措施，使其不影响项目的生命周期和项目目标的实现。

（4）范围审核。

项目的移交或验收就是项目范围的核实，项目经理或项目管理人员一般会通过对项目进行检查来实现范围的核实。主要内容包括：对项目的目标及宗旨进行审核，评估其是否违背社会公众利益和国家法规；对立项的各种假设前提进行审核，考察其是否合乎实际情况；对形成范围的时间、成本、质量三项约束进行审核，考察它们之间的互动关系是否可以优化；识别出的风险进行审核，审慎评估这些风险对项目范围取舍的影响程度；对项目的效益指标进行审核，评估其是否与项目团队的达标能力相匹配。

（5）变更控制。

项目干系人在项目实施的过程中会因为各种原因和要求，对项目范围计划进行修改，甚至是重新规划，这就是项目范围的变更。主要内容包

括：确立变更控制的原则，设定控制手段，如一些量化的分析方法，设计
变更程序，范围变更对整个项目管理系统的影响面是最大的，因此原则、
方法和程序的设定都应比其他领域的控制更加严格。

4．项目范围的确认及其条件

项目范围确认是指项目干系人（项目提出方、项目承接方、项目使用
方等）对于项目范围的正式认可和接受的工作过程。项目确认要明确所有
与项目有关的工作都包括在项目的范围内，并且与项目无关的工作未包括
在项目范围中，不仅要确认项目的整体范围，还要对分解后的子工作范围
进行确认。

不过，项目范围确认应该具备一定的条件，比如项目范围定义中使用
的各种依据，有关项目实施中范围变更的文件以及项目实施最终结果的文
件，等等，其中，最主要的依据包括以下几个方面。

（1）项目的各种文件。项目的确认必须具备项目的各种文件，具体
包括项目章程、项目合同、项目范围管理计划、详细的项目范围说明书、
项目技术设计文件和其他各种在项目验证时已有的项目文件。

（2）项目的工作信息。项目验证时的各种信息也是确认项目必须具
备的条件。主要包括与项目有关的事业组织环境方面有关的信息、组织过
程资产中包括的各种信息、项目变更请求和审批的信息、项目所属技术方
面的信息等。

（3）项目范围界定的结果。项目范围定义的结果是在确认项目范围
时使用的依据，是指有关项目的产出物、可交付成果和工作范围定义的结
果文件，人们对这些文件进行分析和确认，从而使相关的项目主体对项目
目标、可交付成果的认可。

（4）项目实施工作的结果。这也是项目确认的依据之一，这些项目实施成果反映了按项目范围计划实施的动态情况。在进行项目实施范围的确认时，人们对这些实施成果进行分析和确认，从而使相关利益主体对项目最终是否达到项目目标、可交付物和工作计划范围的工作有一个统一的认可。

项目范围变更的控制

1. 项目范围变更的起因和影响

项目的变更是客观存在的，在经过既定的批准程序之后，项目范围是可以变更的，但是当项目进行到后期的时候，项目范围的变更就必须被冻结，也就是不允许再变更。一般来说，在项目的早期进行项目范围变更影响较小，而在项目的中后期因为会带来严重影响就不能再进行范围变更了。

具体来说，在项目执行阶段的较早时间，下面三个因素往往是引起项目范围变更的主要原因。

（1）项目设计或计划中的错误。包括产品范围或项目范围中的错误。例如，在原定的项目设计中，项目产品缺少一项必备的功能，或者有一项无法实现的功能，或者有一项客户不需要的功能等。

（2）新近发生的外部事件。例如，在研发新产品的过程中，得知竞争对手的竞争产品刚刚上市，我们就必须对正在研发的新产品进行变更，否则我们的产品上市后将不具竞争力；再如，政府刚刚发布了新的、更严格的环保法规，使我们对在建项目的相关技术参数进行调整。

（3）为了增加价值。例如，采用新工艺、新材料，新技术，以便提高项目产品的性价比。

无论是因失误造成的变更，还是外部环境迫使造成的变更，在范围控制中都要认真研究变更是否必要。如果范围的变更不属于上述任何一个原因，那它很可能是没必要的，盲目的变更只会带来巨大的影响。

如果项目范围不可避免地产生了变更，项目范围计划作为项目实施的参考和依据也会发生改变，这样一来，项目的时间、成本、质量、采购等都会发生改变。因此，范围变更带来的是一系列的连锁反应，这些反应将会打乱前期的计划和部署，给项目的实施带来很多不便。尤其是那些范围计划本来就不够周密的项目，一旦出现变更，就会导致后面的实施过程漏洞百出，最后造成项目的成本超支、时间超期、质量下滑等严重后果。

此外，范围变更还有可能产生额外的项目范围，这也意味着形成额外的项目风险。比如，你所做的项目是给客户修一段公路，客户想顺便让你用挖掘机在工地旁边挖个坑掩埋垃圾。虽然这只是顺带的工作，但你并不了解地下的情况，结果把燃气管道给挖断了，造成的风险自然是要由你来承担。

可见，项目范围的变更不可随意进行，应该制定一个准则，用于区分每个范围变更究竟是强制性的，还是非强制性的，对于非强制性的范围变更，要尽量避免。

2. 项目变更管理的基本程序

项目发生变更并不可怕，可怕的是面对变更时不知怎么做。因此，在处理变更时，我们最好仔细思考一下，为什么要变更？变更是不是必要的？它会带来哪些影响？需要承担多大的风险？当然，除了思考这些问题，我们更应该知道当变更发生时该怎么做，简单地说，变更管理的程序包括以下几个步骤。

（1）了解变更的原因及意向。弄清楚变更的原因及变更是什么，提出变更意向。这一步也就是定义问题，只有正确地定义了变更的问题，项目才能顺利地得到解决；相反，如果不能正确地定义问题，就很可能会用正确的方法去解决错误的问题。

（2）评价变更产生的影响。这里是指变更对项目某方面的影响以及对整个项目的综合影响。比如，对于某一个进度变更，首先要评价它对项目总工期的影响，然后要评价它对项目成本、质量、范围、团队士气等方面的综合影响。

（3）设计备选方案。变更的方法不是唯一的，我们需要的是最优的方案，所以设计时多一些备选方案更有利于选择。比如，进度变更可以采用诸如削减工作、赶工期，或快速跟进等方法。

（4）提出申请。按规定的格式和内容要求，提出书面的变更申请。在变更请求中必须写清楚变更的是什么、为什么要变更、变更可能产生的后果、变更的备选方案。变更请求必须提交给项目经理或其授权代表。

（5）征求意见。项目变更的请求需要征求高级管理人员、项目发起人和其他项目干系人的意见。

（6）变更审批。审批有三种结果：批准、否决或悬置，对悬置的变更请求，往往需要变更申请者补充资料。在事先编制的变更管理程序中，应该规定谁有权审批变更。比如对项目章程的变更，只有项目章程的签发者才有权力审批，而项目经理只能提出建议；对会导致项目范围、时间、

成本和质量目标变化的较大变更，只有变更控制委员会才有权审批。项目经理需要对此类变更编写分析报告，报给变更控制委员会，以便变更控制委员会据此做出审批决定。对于不会改变项目目标的任何变更，项目经理都有权审批。

（7）变更落实。项目变更审批通过后，就需要把经批准的变更纳入项目计划，并付诸执行，追踪执行情况。

（8）效果评估。在变更的执行过程中和执行完毕后，应及时评估变更是否达到了预期的效果。

一般来说，项目的变更基本遵循以上的程序，但在实际工作中，也会有所变动，出现交叉和循环的情况。比如，评价变更影响与设计备选方案之间，通常存在着交叉和循环关系。所以，在进行具体的项目变更程序时需要根据具体的项目做出相应的调整。

3. 减少项目变更的方法

前面，我们讲了变更会给项目带来重大的影响，一方面我们极力避免发生变更，另一方面尽量在项目变更发生前做好准备。其实，最好的办法莫过于掌握减少项目变更的方法，具体可以归纳为以下几点。

（1）清晰的项目定义。在项目计划期间花费越多的精力来明确项目目标和成功标准，并获得相关项目干系人的一致认同，项目中收到变更请求的可能性就越少。

（2）跟踪需求。要控制项目范围，没有比将工作说明书同原始需求放在一起参看更为有效的了。通过追踪和找出从原始业务目标到详细设计说明书之间的对应关系，可以在变更刚提出时就识别出目标范围的扩大，如果建议的功能与更高一级的规格说明无直接联系，这就应该是一个潜在的范围变更。

（3）正式签收。正式签收是变更控制管理的一个重要方面，尤其是那些以客户和厂商为导向的项目，对可交付物的审查和验收做正式的记录，有助于使各方期望保持一致，还能最大限度地减少潜在的纠纷。

（4）项目干系人全力投入。尽管正式签收是促使项目干系人更投入地参与项目的主要原动力，然而要想对付计划外的范围扩展，最好的办法还是依靠专业的、知识丰富的、全力投入项目的项目干系人的努力。一个愿意通力协作完成任务的团队，在不那么正式的项目管理环境中，可以更高效地完成手边的工作。

（5）项目方法必须正确。这一技巧更多是关于风险管理的，不过，变更控制和风险管理是密切关联的，因为项目变更发生的概率较大，最好在规划项目的时候就考虑并计划未来的范围扩展。对所有项目而言，强调项目定义和计划、安排较短的时间段、进行试验验证、分阶段安施、在各阶段结束后决定继续还是终止都有助于减少项目的变更。

（6）使用WBS（工作分解结构）来说明影响。这个方法也许并不能阻止变更申请的提交，但是却有助于某一事项列为变更事项，并且有助于沟通所提出的变更会带来的影响，通过回顾详细的WBS，你可以指出所提议的变更产生的工作是从未考虑过的，以及增加这些变更功能会影响到其他哪些工作项目。

（7）推迟至下一阶段实施。这个方法不一定适用于所有项目，但是如果使用的话，可以减少对项目成功因素的影响。如果变更请求合理，但对项目最初的发布来说又不是绝对关键的，可以引导变更控制委员会将变更请求推迟至将来的项目或下一阶段项目。

（8）跟踪假设和限制。毫无疑问，这也是风险计划中的一部分，但是也应时刻警觉，密切关注项目假设和限制的变化，如果这些方面出现变更，项目肯定会受到影响。

第 *4* 章
成本核算，项目管理的重中之重

项目成本管理定义

1. 项目成本管理及其原则

项目成本管理是为使项目成本控制在计划目标之内所做的预测、计划、控制、调整、核算、分析和考核等管理工作。目的就是要确保在批准的预算内完成项目，具体项目要依靠制定成本管理计划、成本估算、成本预算、成本控制四个过程来完成。其中的每一个环节都相互重叠和影响，成本估算是成本预算的前提，成本预算是成本控制的基础，成本控制则是对成本预算的实施进行监督，以保证实现预算的成本目标。

要想做好项目成本管理，首要关心的是完成项目活动所需资源的成本，同时也要考虑项目的立项、预研和决策阶段以及项目产品的使用和保障阶段等因素对项目费用的影响；其次要考虑项目干系人的不同利益要求，在不同的时期内其会用不同的方法测量项目费用，如果处理不好，就很容易产生矛盾，使项目的风险加大。此外，在进行项目成本管理时还必须遵守以下原则。

（1）全生命周期最低原则。全生命周期成本理论是由西方学者提出的，它要求综合考虑贯穿整个项目建设期与产出物使用期的总成本，全生命周期成本是拥有、运行、维护和处置该项目产品发生的成本在一段时间内贴现值的总和。比如一个新产品开发项目的全生命周期成本应包括前期调研、市场需求分析、研发测试和维护所产生的全部成本，把质量不足返工成本和损失计入成本。之所以要坚持这个原则，就是要求项目组织者的眼光要放长远一些。

（2）进行全面成本管理。项目成本受项目范围、质量、工期、价格和管理水平等因素影响，必须从多方位进行管理。比如，为了提高房屋的抗震等级，需要使用框架结构，这使得钢材、水泥等材料投入增加，成本必然上升；又如项目工期越长不可预见的因素越多，资源涨价的风险越大，也可能导致项目成本增加。因此，作为项目经理应该通过对资源和成本的精细化管理，做到合理安排资源，减少成本消耗。

（3）落实成本责任制。项目总成本目标确定后，应分解落实到团队和个人，并作为一项考核的指标，有利于他们重视成本控制。比如，项目经理为了控制成本，将成本目标在内部层层分解，每个人交纳风险抵押金，对节约和超支的个人进行奖惩。这种良好的激励和约束机制能使项目成本计划顺利地执行；相反地，如果成本责任不落实到个人，成员没有积极性，即使项目经理事必躬亲，也很难达到节约成本的目的。

（4）事前控制优先原则。一个项目在结束时发生成本超支，严格来说是失败的，所以，项目经理应尽可能提前预测成本趋势，在发现成本微小偏差后及时采取措施，以免偏差扩大而产生不可收拾的后果。比如，项目经理发现近期材料价格持续上涨，为了减少物价上涨对后期采购的影响，应该提前备货增加库存量，而在项目成本超支时拆东墙补西墙的做法是不可取的，只能是于事无补。

2. 项目成本的构成

前面，我们清楚地了解了项目成本的定义，简单地说就是项目形成过程中所耗费的各种费用的总和。一个项目的总成本是由多个方面构成的，一般根据发生的阶段和用途的不同，项目成本主要由以下几个部分构成。

（1）项目决策成本。决策是项目形成过程的初始阶段，一个好的项目决策事关项目的成败。因此，为了对项目进行科学的决策，我们需要进行广泛的市场调查，收集和掌握真实的资料，并对项目进行可行性研究。为完成这些工作所花费的成本就是项目的决策成本。

（2）项目设计成本。当一个项目通过可行性研究后，就需要对其进行设计。例如，一个工程建设项目需要进行规划设计、施工图设计；一个科研项目需要进行技术路线和实验方案的设计；一个营销项目需要进行营销方案的策划和设计。为完成设计工作所花费的成本就构成了项目的设计成本。

（3）项目获取成本。项目是存在竞争的，一个组织想要获得项目不是轻而易举的事。项目组织需要开展询价、供方选择、广告、招投标、承发包等工作，这些工作所花费的成本就是项目获取的成本。

（4）项目实施成本。在项目实施过程中，为了完成项目而耗用的各种资源所构成的成本就是项目实施成本。它具体包括：人工费、材料费、机械设备费用、管理费、不可预见费和其他费用，是整个项目成本中所占比例最大的。

在这四项成本当中，项目的实施成本一般占总成本的90%以上，其余三项所占的比重都是极少的。因此，从这个角度来讲，项目成本管理实际上就是项目实施的成本管理。

3. 项目成本的不确定性因素

对于任何项目，其最终的目的都是要通过一系列的管理工作取得良好的经济效益，任何项目也都具有一个从概念、开发、实施到收尾的生命周期。项目成本管理作为贯穿于项目生命周期各个阶段的重要工作，起着非常重要的作用。

然而，项目成本存在不确定性因素，也就是不确定性成本。这种因素的存在致使我们既不知道其是否会发生，也不知道其发生的概率有多大，因此，了解导致项目成本不确定的原因以及施加全面的管理和控制是非常必要的。

（1）预测导致的不确定性。

一方面，对于项目成本的预测，人们往往希望能够反映市场的正常情况，反映社会必要劳动时间，但是实际预测的科学性和确定性却远远达不到要求，这是因为预测是对人的行为或其后果的预测，而人的行为会由于预测而改变，这是不可预测性的一个重要来源。

另一方面，人在对信息的主观筛选中，非常容易遗漏重要的信息，同时也会受到错误信息的误导。即使在主要信息已经充分、及时地获得的情况下，预测方法和基本信念的问题仍然会造成预测偏差。

（2）决策导致的不确定性。

现代管理决策理论要求主体在决策过程中掌握成本的信息，提出充分的备选方案，最后在这些方案中选取最优。然而，美国管理学家赫伯特·西蒙对此就提出了质疑，他提出人所具有的有限理性，不容许决策者掌握足够多的信息，也没有足够多的时间做出最优选择，因此，在项目决策中也很难掌握成本的确定信息。

（3）项目管理体制导致的不确定性。

当前，项目管理体制具有投资主体多元化、业主对项目全面负责、行业协会和中间服务机构不断发育、政府的指导和宏观调控作用不断加强的特征。由此可见，在项目启动到结束的全过程中，项目一直处于很多机构、组织的管理之下，同时受到市场、金融、劳动力的制约，这必然带来项目成本的不确定性。

虽然项目成本的不确定性是绝对存在的，但这并不意味着了解其因素就毫无意义，至少能够帮助我们尽量减少这种不确定因素的发生，控制成本的超支。

项目成本管理计划编制

1. 成本计划编制的三个步骤

项目的成本是需要进行计划的，一般来讲它由资源计划、成本估算、成本预算这三个部分构成，如图4-1所示，成本计划的编制过程就是依次完成这三个计划。

资源清单	成本估算	成本预算
罗列所需的全部有形物质、无形资产和人力资源的清单	将项目所需全部资源分别乘以各自单价，汇集成项目总成本	将项目的估算成本按照工作分解结构分配于项目的各项活动
质量	价值	金钱

图4-1 项目成本的构成

（1）编制资源计划。即根据WBS工作分解结构列出所有需要使用的有形的和无形的资源，包括人力资源、设备硬件、工作软件、零部件、原材料、工作场地面积、通信线路及宽带等，最后形成一个项目资源计划清单。

（2）进行成本估算。最简单的办法就是把资源计划清单上列出的所有资源都乘上各自的单位价格，然后汇总成为整个项目的成本估算总值。

（3）编制成本预算。即在成本估算的基础上，把成本金额按照WBS的工作清单和工期安排分配到各项工作任务上去。

以上三个步骤中，资源计划涉及的是物质问题，是资源的质和量；成本估算涉及的是价值问题，是一笔数字账；成本预算才落实到真金白银的钱，是资金的最后流向。

资源计划一般比较好理解，而成本估算和成本预算的关系就容易混淆。如果从项目团队或项目公司的角度来看，问题就容易理解了。成本估算是给别人算的账，通常是着眼于要钱，自下而上，注重结果，成本预算则是为自己算的账，着眼于花钱，自上而下，注重过程。

当然，成本预算和成本估算的概念有时候也可以互相转换。比如同一笔账，是承包方的估算成本，却是发包方的预算成本；项目团队的成本估算，也许会变成管理高层的成本预算，所以，具体情况还需要具体分析。

2. 项目资源计划编制依据和方法

项目资源计划，是指通过分析和识别项目的资源需求，确定项目需要投入的资源种类（包括人力、设备、材料、资金等）、项目资源投入的数量和项目资源投入的时间，从而制定出项目资源供应计划的项目成本管理活动，其编制需要遵循一定的依据和方法。

（1）资源计划编制的依据。

① 事业环境因素。是指涉及资源计划编制的背景因素和独立存在的先决条件。例如同行业或类似项目的历史数据（北京过去从来没有承办过

奥运会，只能参考过去在亚特兰大、洛杉矶、多伦多、悉尼、雅典等奥运会的历史资料，以便从中分析推算出北京承办奥运会的资源计划）；相关的国家标准和行业规范（土建工程有土建工程规范标准，制药行业有制药行业的规范标准。不同的规范标准会引发不同数量和质量的资源需求）；可供利用的资源（一方面指外部可以获得的资源，包括原材料，设备、人力源等，另一方面也指本组织内部资源利用状况）；等等。

② 组织过程资产。包括项目范围说明书、工作分解结构、组织管理政策等。项目的范围说明书会涉及所需资源的质量、规格、数量、技术标准等信息，不同质量和规格的资源，效率大相径庭；项目的工作分解结构中的每一项活动都会引发相应的资源需求，将每项活动的资源需求加总，就可以估算出整个项目的资源总需求；不同的管理政策，资源的需求量也会不同。例如打印一份文件，两班倒需要一台电脑两个打字员；一班制则需要两个打字员配两台电脑；外包则不需要人员和电脑。

③ 相关的活动属性。对资源数量和质量的需求也是项目活动属性的一个组成部分，甚至可以说是由活动属性所决定的。一个高科技课题研发任务，高科技就是它的属性，这一属性决定了它的人力资源需求是高学历的人才，而不是普通体力劳动者。

（2）资源计划编制的方法。

① 备选方案法。实现一个项目的目标会有很多方案，不同的方案会有不同的资源需求。因此，在编制资源计划时可以准备多个不同的备选方案，通过对比，就可以选择性价比最优的方案，起到节约成本的目的。

② 资料统计法。是指根据国家或行业的规定或历史经验资料推算出资源需求总量。比如，修建一座高架桥需要多少钢筋？需要什么标号的水

泥？每公里需要多少成本？这些信息都可以从各种专业出版资料中获得。

③ 自下而上法。根据WBS把每项工作所需的资源列出，然后汇集成为整个项目的资源计划，这种方法操作比较耗时费力，但是数据最为准确可靠。

3. 成本计划引进的新概念

现代项目成本管理是从传统成本管理发展而来的，前文讲述的项目成本计划编制的三个步骤体现了传统项目管理的典型思路，比较注重"正确地做事"，而忽略了"做正确的事"。因此，在发展的过程中，我们需要引进一些新的、有别于传统项目成本管理的概念，如图4-2所示。

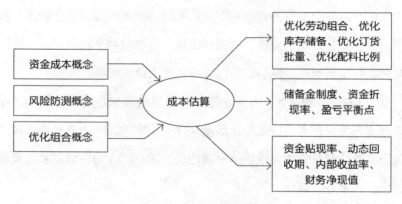

图4-2　成本管理新概念

（1）资金成本概念。资金的成本概念主要是指我们在前面讲解过的资金折现率概念，以及财务净现值、动态回收期、内部收益率这三个概念。在传统的项目管理中，成本管理对项目决策的影响非常小，资金成本概念的引进，为项目决策提供了价值分析和效益评估的有力工具，使成本管理对项目决策产生的影响增强。

（2）风险防测概念。现代项目成本管理中引进了风险防测的概念，从而为项目决策的效益提供了有力的保障，比如涉及风险防测的资金贴现率，就可以预测风险门槛和衡量风险指标。另外，盈亏平衡点的测算，为项目决策的效益分析提供了另一个有效的工具指标。

（3）优化组合概念。优化组合主要包括了优化劳动组合、优化订货批量、优化配料比例、优化库存比例这几个方面的内容，这些内容都是以前传统项目成本管理中不存在的。它的核心是如何在资源优化配置的基础上使用项目的综合成本达到最低点。

项目成本预算

1. 制定成本预算的原则

项目成本预算是指将项目成本估算的结果在具体的活动上进行分配的过程，其目的是确定各个项目的成本定额，并确定项目风险准备金的标准和使用规则，还有为测量项目实际绩效提供标准和依据。可见其重要性不言而喻，因此，在制定项目预算时一定要遵循基本的原则。

（1）成本预算要与项目目标相联系。通常情况下，项目的质量、成本、进度之间的关系既对立又统一，所以在制定成本预算的时候，必须同时考虑项目质量目标和进度目标，只有三者协调统一，才不会顾此失彼、相互脱节。

（2）预算要全面又要分时段。一方面预算应考虑所有的项目成本，人们通常倾向于只考虑项目明显要用到的资源（劳动力、新设备）而忽视了所有的项目成本；另一方面为了便于管理现金流和控制项目，我们还要知道这些成本都在什么时候产生，因为项目预算过程的目标就是建立一个成本基准。

（3）成本预算要有可行性。在编制项目成本预算的时候，要根据有关的法规、方针政策，从项目的实际情况出发，充分挖掘项目的内在潜力，使成本指标既可靠又切实可行。如果预算过低会给后续的工作造成困难，甚至是延误项目的进展；预算过高则失去了预算的意义，起不到任何作用。

（4）计划要有缓冲准备。缓冲通常又称为管理储备，主要用于处理已知的风险、估算的不确定因素以及整个计划过程中的不确定因素，比如隐藏的工作、返工、隐藏成本、需求变更等。此外，如果是国际项目还要考虑货币因素，比如通胀和汇率方面的缓冲。

（5）做好预算假设记录。预算假设要像其他所有项目假设一样记录在文件中，预算制定过程中出现的任何假设都要记录在文件中并向各方传达清楚。跟所有假设一样，可以将其记录在目标可交付物中，或者添加到指定的项目假设文件库中。

2. 项目成本预算的方法

为了做好预算工作，我们必须对所需的资源种类，每种资源的数量、何时使用这些资源极其成本等问题做出预测。只有对项目成本做出正确的预算，项目在实施的过程中才能更顺利地进行。那么，如何做好项目成本预算，它有哪些方法呢？

（1）自上而下预算法。

这种方法是指收集高层和中层管理人员的判断和经验，以及以往类似活动的记录数据。这些经理人员估算出整体的项目成本以及各个子项目的成本。然后，这些成本测算信息被传达给低层管理人员，并由他们继续将预算细分下去，为组成子项目的每一项任务和工作包估计预算。这一过程持续进行，直至到达最底层。

这种预算的优点是，集中式的预算常常能够制定得非常精确，尽管少数个体因素可能产较大的偏差。不仅预算占总体资源配置的百分比是稳定的，而且预算的统计分布也是稳定的，这就使得高度的可预测性预测成为可能；另外，无须对成本高昂的小型任务进行单独的确认，也不需要担心某些细微但又非常重要的方面遭到忽视。

不过，自上而下的预算如果被分配到手的资金不足以完成相应的任务，低层经理人员可能也只是默默忍受。如果上级经理人员坚持当初的顶算标准理由是"基于过去的经验"，下级经理人员就会觉得被迫接受了自己认为根本不可以完成相应任务的预算资金。上下级之间是一种博弈的关系，任何一方的盈利都是以其他一方的损失为代价的。

（2）自下而上预算法。

这种预算的基本的任务及其进度和预算安排是根据工作分解结构构建起来的。预算制定人员向从事具体工作的人员就工作任务的时间和预算征询意见，以保证预算工作达到最高的精确度。首先，人们对资源需求做出预测，其间，上层和下层经理人员之间的意见分歧通过讨论加以解决，最终的任务就是预算出项目的总直接成本。项目经理会将一般费用与行政费用等间接成本加上，可能还要加上项目应急储备金和一定的利润数据，得出最后的项目预算。

自下而上预算的优点与参与式管理是密不可分的。与上级和其他没有亲身参与到工作中的人员相比，那些在一线工作的人员往往会对资源的需求状况有着更为准确的认识。此外，低层经理人员直接参与到顶算工作中去，可以促使他们更愿意接受最终的结果。共同参与也是一种良好的管理培训技术，会使低层管理人员在预算准备工作及其相关的知识方面获得更多的宝贵经验。

虽然，自下而上制定出来的预算在具体任务方面更为精确一些，但是必须注意将所有成本因素都包括进来。而且自下而上的方法在罗列各项任务的全部清单时，会比自上而下的方法遇到更多的困难。就像自上而下法可能导致预算工作成为博弈过程那样，自下而上的过程也有独特的管理预算博弈过程。例如，工作人员会过分夸大自己的资源需求，因为他们担心上级管理人员会全面削减预算。

总的来说，自上而下法要比自下而上法使用得更普及。因为自下而上法的风险较大，一是上级不信任自己的下属，认为他们会夸大资源需求以保证其工作顺利进行；二是高层管理人员体会到预算是组织控制工作最为重要的工具，他们认为下属的经验和工作态度都十分不可靠，所以，大多数项目都是采用自上而下的预算方法。

3. 项目成本预算的表现形式

项目的成本预算需要考虑的因素很多，表现形式也可以是多样的。比如按工作内容来做成本管理需要保证每一项工作都有资金；按工作时间段来做成本管理则需要保证每个阶段都有资金。因此，项目的成本预算既可以按项目的工作内容来制定（见表4-1），也可以按项目的时间段来制定（见表4-2）。

两种方式各具有优势，但按项目的时间段制定成本预算优势要更明显一些，它可以显示每个时间段的当期成本支出，以及截至每个时间段期末的项目累计成本支出。我们可以用表格和图形来表示这两种形式。

表4-1 项目成本预算

	直接成本（1）	间接成本（2）=（1）×3%	成本合计（3）=（1）+（2）	不可预见费（4）=（3）×10%	总计（5）=（3）+（4）
可交付成果1					
进度活动1					
进度活动2					
进度活动3					
可交付成果2					
进度活动4					
进度活动5					
进度活动6					
……					
总计					

表4-2 项目成本预算

	直接成本（1）	间接成本（2）=（1）×3%	成本合计（3）=（1）+（2）	不可预见费（4）=（3）×10%	总计（5）=（3）+（4）
第一个月					
第二个月					
第三个月					
第四个月					
第五个月					
……					
总计					

把每个时间段的项目成本逐期累加起来，就可以得到如图4-3所示的项目累计成本曲线，通常称S曲线，也就是成本基准曲线。从图中可以得知，截至某时点项目的累计成本应该是多少，它给我们提供了监控项目成本和进度绩效的良好基础。在项目执行中，可以通过S曲线来了解项目实际成本、进度与计划中发生的偏离。

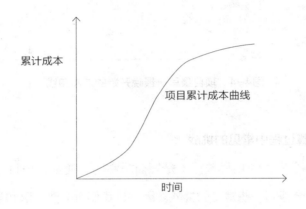

图4-3　项目累计成本曲线

由于关键路径上的活动有一定的灵活性（浮动时间），它们的最早开始时间与最晚开始时间会不一致。一般情况下，管理进度的人员希望每一项活动都在最早开始时间开始，而管理成本的人员则希望每一项活动都在最晚开始时间开始，这样就可以延迟付款时间。

项目在最早开始时间开始和最晚开始时间开始，会导致不同的结果如图4-4所示。从图中可以看出，项目进度目标与成本目际之间存在一定程度的冲突，进度越快就会提前付钱。因此，项目经理必须善于把握整个项目的全局，在相互冲突的分目标之间寻求最佳平衡点。

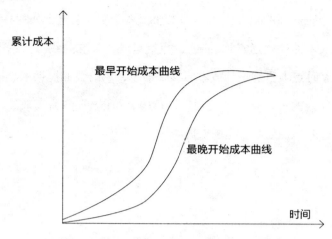

图4-4 项目最早、最晚开始的成本曲线

4. 预算过程中常见的挑战

制定一个完善的项目预算不是轻而易举的，通常，项目经理在制定项目预算时会遇到一些常见的挑战。因此，我们有必要了解和学习这些因素，只有增强对这些挑战因素的意识，才能提前做好准备，在执行项目的时候加以避免，下面我们来了解一下。

（1）没有可靠的基础。项目预算是在项目计划的基础上制定的，而项目计划又通过WBS、资源估算、工作量估算以及项目进度计划产生。如果任何一个环节做得不够，都会对项目预算造成直接的影响。

（2）预算成本考虑不全。预算要反映所有产生的成本，或者至少反映项目赞助组织认为项目应承担的所有成本。一旦遗漏或者考虑不周全，预算就会不准确。

（3）没有考虑利润率。对于一些出售给客户的项目，一定要将利润率也包括在项目预算和定价决策中。

（4）过早的估算预算。基于对预算周期的特点及项目管理成熟度的考虑，很多组织在没有定义好项目的全部工作时就粗略地估算了项目预算。在这种情况下，预算通常成为项目的主要限制，因而限制了可以完成的工作量以及资源的选择。

（5）忽视了劳动力成本。这通常是内部项目面临的问题，因为在许多组织中，项目经理也难以定义和跟踪劳动力成本，尤其是内部人员的劳动力成本。一方面组织规定项目经理不得跟踪内部人员的劳动力成本；另一方面，又将内部人员的劳动力成本当作"沉没成本"来对待。

正是这些因素的存在，使得项目成本预算充满了挑战，这些项目成本的不确定性因素会影响预算的准确性。作为项目经理必须尽可能考虑得周全一些，制定合理科学的成本预算，项目才能顺利地完成。

项目成本控制和挣值分析

1. 项目成本控制的认知

项目成本控制是一项综合管理工作，是在项目实施过程中尽量使项目实际发生的成本控制在项目预算范围之内的一项项目管理工作。项目成本控制包括各种能够引起项目成本变化因素的控制、项目实施过程的成本控制以及项目实际成本变动的控制三个方面。

项目成本控制实现的是对项目成本的管理，其主要目的是对造成实际成本与成本基准计划发生偏差的因素施加影响，保证其向有利的方向发展，同时，对已经与成本基准计划形成偏差和正在形成偏差的各项成本进行管理，以保证项目的顺利进行。它包括以下几个方面内容。

（1）检查项目成本实际执行的情况。

（2）保证潜在的成本超支不超过授权的项目阶段资金和总体资金。

（3）找出实际成本与计划成本的偏差。

（4）分析成本绩效，从而确定需要采取的纠正措施，并且决定要采取哪些有效的纠正措施。

（5）当变更发生时，管理这些实际的变更。

（6）确保所有正确的、合理的、已核准的变更都包括在项目成本基准计划中，并把变更后的项目成本基准计划通知项目利益关系人。

可见，合理地做好项目成本控制有助于提高项目的成本管理水平，发现更为有效的项目建设方法，降低项目成本以及促进项目管理人员加强经济核算，提高经济效益。此外，一个有效的成本控制还有利于尽早发现成本出现偏差的原因，并及时地采取纠正措施。

2．项目成本的控制程序

成本控制是整个项目管理体系中的核心内容，在其控制过程中有两类控制程序：一是管理行为控制程序，二是指标控制程序。前者是对成本全过程控制的基础，后者则是成本过程控制的重点，两个程序既相对独立又相互联系，既相互补充又相互制约。

（1）管理行为控制程序。

管理行为控制的目的是确保每个岗位人员在成本管理过程中的管理行为符合事先确定的程序和方法的要求。从这个意义上讲，首先要清楚项目建立的成本管理体系是否能对成本形成的过程进行有效的控制，其次要考察体系是否处在有效的运行状态。管理行为控制程序就是为规范项目成本的管理行为而制定的约束和激励机制，它起着三个方面的作用。

① 建立评审组织、程序。项目成本管理体系的运行是一个逐步推进的过程，比如，一个企业的各分公司的项目经理部的运行质量往往是不平衡的，因此，必须建立专门的常设组织，依照程序定期地进行检查和评审，以保证成本管理体系的运行和改进。

② 目标考核，定期检查。管理程序文件应明确每个岗位人员在成本管理中的职责，确定每个岗位人员的管理行为，如提供报表、提供的时间

和原始数据的质量要求等，要把每个岗位人员是否按要求去履行职责作为一个目标来考核。为了方便检查，应将考核指标具体化，并设专人定期或不定期的检查。

③ 制定对策，纠正偏差。对管理工作进行检查的目的是保证管理工作按预定的程序和标准进行，从而保证项目成本管理能够达到预期的目的。因此，对检查中发现的问题，要及时进行分析，然后根据不同的情况，及时采取对策。

（2）指标控制程序。

能否达到预期的成本目标是项目成本控制是否成功的关键，对各岗位人员的成本管理行为进行控制，就是为了保证成本目标的实现，它对项目成本控制有以下作用。

① 确定项目成本目标及月度成本目标。在项目开工之初，项目经理部应根据公司与项目签订的《项目承包合同》来确定项目的成本管理目标，并根据项目进度计划确定月度成本计划目标。

② 收集成本数据，检测成本形成过程。过程控制的目的就在于不断纠正成本形成过程中的偏差，保证成本项目的发生是在预定范围之内。因此，在项目施工或项目开展过程中要定期收集反映成本支出情况的数据，并将实际发生的情况与目标计划进行对比，从而保证有效地控制成本的整个形成过程。

③ 分析偏差原因，制定对策。项目进行是一个多工种、多方位立体交叉作业的复杂活动，成本的发生和形成是很难按预定的目标进行的，因此，需要及时分析产生偏差的原因，分清是客观原因还是人为因素，及时制定对策并予以纠正。

总的来说，用成本指标考核管理行为，用管理行为来保证成本指标。管理行为的控制程序和成本指标的控制程序是对项目成本进行过程控制的主要内容，这两个程序在实施过程中是相互交叉、相互制约的。只有把成本指标的控制程序和管理行为的控制程序相结合，才能保证成本管理工作有效地进行。

3. 挣值分析的变量与功能

挣值分析法，是一种能全面衡量项目进度状态、成本趋势的科学方法，其基本要素是用货币量代替实物量来测量项目的进度，它不是以项目投入资金的多少来反映项目的进展，而是以投入资金已经转化为项目成果的量来衡量，是一种完整和有效的项目监控方法。

利用挣值分析法对项目成本进行管理和控制的基本原理是根据预先制订的项目成本计划和控制基准，在项目工程实施后，定期进行比较分析，然后调整相应的工作计划并反馈到实施计划中去。一般来说，挣值分析涉及以下三个主要变量。

（1）PV，即Planned Value的缩写形式，是指完成计划工作量的预算值。

（2）AC，即Actual cost的缩写形式，是指所完成工作的实际支出成本。

（3）EV，即Earned Value的缩写形式，是指实际完成工作量的预算值，即挣值。

不过，在以往传统的项目管理理论中，并没有PV、AC、EV这三种叫法，那时候PV为BCWS（计划、工作预算费用）、AC为ACWP（已完成工作量的实际费用）、EV为BCWP（已完成工作费用）。它们只是英文

缩写不一样，但含义是相同的。关于挣值分析的功能，主要体现在以下几个方面。

（1）偏差分析。

偏差分析是探测数据现状、历史记录或标准之间的显著变化和偏离，偏差包括很大一类潜在的有趣知识。如观测结果与期望的偏离、分类中的反常实例、模式的例外等。通过偏差分析公式，就可以计算出项目的进度偏差（SV）和成本偏差（CV），而这两个数值又可以判断出目前的工作进度和成本支出与计划之间的偏差。

CV=EV－AC，即成本偏差=挣值－实际成本

SV=EV－PV，即进度偏差=挣值－预算成本

（2）绩效分析。

绩效分析的目的在于确定和测量期望绩效与当前绩效之间的差距，它是整个绩效改进系统的重要一环，组织与环境对于绩效和员工有着重大的影响。通过绩效的分析公式，可以计算出项目的工期绩效指数（SPI）和成本绩效指数（CPI），而这两个数值又可以评估出项目的劳动生产率和资金使用效益。

SPI=EV／PV，即工期绩效指数=挣值／实际成本

CPI=EV／AC，即成本绩效指数=挣值／预算成本

（3）变更分析。

挣值分析不仅可以对已经完工的部分进行绩效预算，还可以根据已经完工部分的绩效对变更后的总完工成本进行估算。在估算的时候主要有两种依据，一种是根据当前实际绩效推算出来的总完工成本，另一种是根据原计划进度推算出来的总完工成本。

第 **5** 章

进度管理，让项目
进程步入科学化

项目进度管理定义

1. 什么是项目进度管理

项目进度管理也可以称为项目时间管理或是项目工期管理，是指在项目实施过程中，对各阶段的进展程度和项目最终完成的期限所进行的管理。其目标是保证项目能在满足其时间约束条件的前提下实现其总体目标。

具体来说，项目进度管理是根据工程项目的进度目标，编制经济合理的进度计划，并据以检查工程项目进度计划的执行情况。如果发现实际执行情况与计划进度不一致，就要及时分析原因，并采取必要的措施对原工程进度计划进行调整或修正的过程。它的目的就是实现最优工期，多快好省地完成任务。

可见，项目进度管理是项目管理中至关重要的环节。因为在项目管理中，时间是最重要的约束条件之一。时间进度牵涉项目范围、成本和质量等方面，如果项目不能在合同工期之内完成，会带来很大的副作用。在项目进行过程中，进度问题是最普遍和突出的问题，所以说，进度管理是项目经理和项目管理人员最为关心的话题。

项目进度管理作为项目管理的一个重要方面，它与项目投资管理、项目质量管理等同为项目管理的重要组成部分，是保证项目如期完成和合理安排资源供应，节约工程成本的重要措施之一，一个科学合理地进度管理是项目成功的有力保障。

2．项目进度管理过程及其重要性

项目进度管理是为了确保项目按时完工必需的一系列管理过程和活动，合理地安排项目时间是项目管理中的一项关键内容，它通常包括以下过程或内容。

（1）界定和确认项目活动的具体内容，也就是分析确定为达到特定的项目目标所必须进行的各种作业活动。

（2）对项目活动内容进行排序，即分析确定工作之间的相互关联关系，并形成项目活动排序的文件。

（3）对工期进行估算，即对项目各项活动的时间做出估算，并由此估算出整个项目所需工期。

（4）制定项目计划，即对工作顺序、活动工期和所需资源进行分析并制定项目进度计划。

（5）对项目进度的管理与控制，即以项目的变更进行控制和修订计划等。

这些过程在理论上是分段的，而且各阶段都界限分明。但它们之间的关系是既相互影响，又相互关联。对于小型项目来说，以上这些管理过程还有可能进行归并。比如，项目时间管理中的项目活动界定、工作排序、工期估算、制定项目进度计划等几乎是可以同时进行的，所以常常被视为一个阶段。

进度管理之所以重要，是因为在市场经济条件下，时间就是金钱，效率就是生命，一个工程项目能否在预定的工期内竣工交付使用，这是投资者最关心的问题之一，也是项目管理工作的重要内容。比如建设一座电厂，早一日完工就早一天投入使用，也就能早一天产生效益。因此，按期建成投产是早日收回投资、提高经济效益的关键。这一切都要依赖于一个科学的进度管理。

需要提出的是，管理项目的进度并不意味着只追求进度，更需要注重质量、安全和经济的要求。我们可以把项目进度管理的理念概括为，一是时间就是金钱；二是优者为先。只有把握好两者之间的平衡，才能发挥进度管理的作用。

3. 项目进度表的制作方法

项目进度表用以描述项目各项活动、彼此间的逻辑关系，以及进度安排和资源配置。制作项目进度表有不同的方法，常用方法有以下几种。

（1）关键日期表。也叫进度计划表，简单易懂，只列出关键活动和日期即可，缺点是所提供信息较少，且优化调整困难（见表5-1）。

表5-1　关键日期

项目活动	1月	2月	3月	4月	5月	6月	7月	8月	9月	10月	11月	12月
软件 A 版测试		√										
软件 B 版测试				√								
软件 C 版测试								√				
软件 D 版测试										√		

（2）甘特图。也叫线条图或横道图，是由亨利·甘特于20世纪开发的，他通过条状图来显示项目进度和其他时间相关的系统进展的内在关系随着时间进展的情况。

甘特图可以直观地表明任务计划在什么时候进行，及实际进展与计划要求的对比。管理者由此可以非常便利地弄清每一项任务（项目）还剩下哪些工作要做，并可评估工作是提前还是滞后，抑或正常进行。除此以外，甘特图还有简单、醒目和便于编制等特点。

（3）关键路线法（Critical Path Method，CPM）。CPM是通过分析项目过程中哪个活动序列进度安排的总时差最少来预测项目工期的网络分析。它用网络图表示各项工作之间的相互关系，找出控制工期的关键路线，在一定工期、成本、资源条件下获得最佳的计划安排，以达到缩短工期、提高工效、降低成本的目的。

CPM是一个动态系统，它会随着项目的进展不断更新，该方法采用单一时间估计法，其中时间被视为一定的或确定的。这种方法多用于建筑施工和大修工程的计划安排。它适用于有很多作业而且必须按时完成的项目。

以上这三种进度表的制作方法各有优势，具体采用哪一种方法更合适，需要针对具体的项目做出选择，总结来说应该考虑如下因素，以提高进度计划制订的效率。

（1）项目规模的大小。小项目一般可以采用简单地进度规划方法，大项目因为其复杂性则可考虑使用甘特图或者CPM的方法。

（2）项目的难度程度。项目规模与项目难度并不存在直接的联系。比如在平原和高原修铁路，就不能用长度来衡量困难，在高原修1公里可

能会比在平原修10公里更困难。因此，困难小的项目可以用简单地进度规划，困难较大的项目用甘特图或CPM更合适。

（3）项目的时效性。时间紧迫的项目，可能没有时间使用CPM的方法规划项目进度，尤其是在项目开始阶段，使用关键日期表在这种情况下可能更加合适。

项目活动定义

1. 什么是项目活动定义

项目活动定义是为实现项目目标所开展的对已确认项目工作的进一步定义，从而识别和定义项目所必需的各种活动的一种项目时间管理工作。具体包括项目活动的识别、分解、定义、确认和文档化等方面的工作，由此分析确定为实现项目目标和生成项目产出物，以及完成项目工作所必须进行的各种项目活动。

项目活动定义所给出的项目活动是由一系列项目活动步骤构成的，每一个分解定义的项目活动都必须能够生成一个完整而具体的项目可交付物。这种项目活动所生成的项目可交付物既可以是一种有形的东西，也可以是一项有具体内容和质量要求的服务或管理工作。

实际上，项目活动定义就是在项目工作分解结构的基础上进一步定义每个项目工作包中所包括的项目具体活动，它的过程识别处于工作分解结构（WBS）的最下层，叫作工作包的可交付成果。项目工作包被有计划地分解为更小的组成部分，叫作计划活动。为估算、安排进度、执行以及监控项目工作奠定了基础，有利于更好地进行项目管理和控制。

2. 项目活动定义的依据和方法

项目活动定义是确认和描述项目的特定活动，在进行项目活动定义时，需要有一定的依据，其中包括事业环境因素、组织过程资产、项目范围说明书、工作分解结构等，具体内容如下。

（1）事业环境因素作为活动定义的依据，可以考虑的事业环境因素包括是否有可利用的项目管理信息系统与进度安排工具软件。

（2）在进行活动定义过程中，要充分利用组织过程资产，组织过程资产包括同活动规划有关的正式与非正式方针、程序与原则，需要在活动定义中给予考虑。

（3）在定义活动时显然要考虑项目范围说明书中记载的项目可交付成果、制约因素与假设。制约因素是限制项目管理团队选择的因素，例如，反映高层管理人员或合同要求的强制性完成日期；假设是在项目进度规划时视为真的因素，如每周的工作时间或一年当中可用于施工的时间。

（4）工作分解结构是进行项目活动定义的基本依据。WBS通过子单元来表达主单元，每一工作的编码都是唯一的，因此十分明确，且任何工作项目都可以通过计算机及下层工作的成本、进度得到该工作的成本和进度。

当然，项目活动定义不能只是了解其依据，我们还需要掌握正确的方法。

（1）分解技术。项目分解技术是为了项目更易管理，以项目工作分解结构为基础，按照一定的层次结构把项目工作逐步分解为更小的、更易操作的工作单元。直到可交付物细分到足以用来支持未来的项目活动计划编制、执行、控制及收尾等。这种方法有助于找出工作分解结构规定的可交付成果所需完成的所有活动，并且可以对这些活动进行更有效的管理。

（2）模板法。是指将已经完成的项目工作分解结构（WBS）予以抽象，形成类似的项目活动清单或部分活动清单，作为某一类新项目活动定义的模板。虽然每个项目都是独一无二的，但仍有许多项目彼此之间都存在着某种程度的相似之处。根据新项目的实际情况，在模板上调整项目活动，从而定义出新项目的所有活动。在定义项目活动时，模板法是一种简捷、高效的活动分解技术。

（3）滚动式规划。滚动式规划是一种渐进明细的规划方式，即对近期要完成的工作进行详细规划，而对远期工作则暂时只在WBS的较高层次上进行粗略规划。因此，在项目生命周期的不同阶段，工作分解的详细程度会有所不同。比如，在信息尚不够明确的早期战略规划阶段，工作包也许只能分解到里程碑的水平；随着更多信息被了解，近期即将实施的工作包就可以分解成具体的活动。

（4）利用专家判断。擅长制定详细项目范围说明书、工作分解结构和项目进度表并富有经验的项目团队成员或专家，可以提供活动定义方面的专业知识。

3. 确定活动之间的依赖关系

有了活动清单和属性，就需要通过活动排序弄清楚活动之间的逻辑关系。例如，哪些活动需要一项接一项做，哪些活动可以同时做。在确定活动之间的这种先后顺序时，我们需要了解下面三种依赖关系。

（1）强制性依赖关系。也称为逻辑关系，是指工作性质所固有的依赖关系，它们往往涉及一些实际的限制。项目管理团队在确定活动先后顺序的过程中，要明确哪些依赖关系属于强制性的。比如，在施工项目中，

只有在基础完成之后，才能开始上部结构的施工。

（2）可斟酌处理的依赖关系。有时叫作优先选用逻辑关系、优先逻辑关系或者软逻辑关系。它们会造成总时差不确定、失去控制并限制今后进度安排方案的选择。可斟酌处理的依赖关系通常根据对具体应用领域内部的最好做法，或者项目某些非寻常方面的了解而确定。项目管理团队在确定活动先后顺序的过程中，要明确哪些依赖关系属于可斟酌处理的，然后根据以前完成同类型工作的成功项目所取得的经验，选定计划活动顺序。

（3）外部依赖关系。是指涉及项目活动和非项目活动之间关系的依赖关系。例如，软件项目测试活动的进度可能取决于来自外部的硬件是否到货。活动排序的这种依据可能要依靠以前性质类似的项目历史信息，或者是依靠合同和建议。因此，项目管理团队在确定活动先后顺序的过程中，要明确哪些依赖关系属于外部依赖的。

总之，项目管理团队在活动排序的过程中应确立活动之间的依赖关系，且项目干系人一起参与讨论并定义项目中的活动依赖关系非常重要。可以将每一个活动名称写在一张纸上来确定依赖关系或排序，也可以直接用项目管理软件来建立关系。只有定义活动顺序，才能更好地制定进度计划。

项目进度计划的制订

1. 项目进度计划的制订依据

项目进度计划制定就是计划和安排项目活动的起始和结束日期的工作，其内容是进一步评估修订项目所需资源估算和项目活动工期估算，然后确定给出项目的起止日期和制定出具体的实施方案与措施，最终成为经过批准的项目进度计划以便作为项目时间管理的基线。

项目进度计划制定的依据包括在此前开展的项目时间管理各项工作中所生成的各种文件，以及项目其他计划管理工作中生成的文件等，其中最主要的依据有以下几个方面。

（1）资源库描述。在制定进度计划时，知道在何时以何种形式取得何种资源是很有必要的。

例如，如果某种共有的资源，其可用性很不可靠，那么，就很难按共享资源制订进度计划。在资源库描述中，详细资料的数量和具体水平是不同的。例如，某咨询项目的初步进度计划的制定，可能只需要知道在某一具体时间范围内有两个咨询工程师可供调用，然而，同一项目的最后进度计划却必须说明具体哪两个咨询工程师可供调用。

（2）项目和资源日历。在项目管理中，资源是整个项目任务成功实施的基础。对资源的合理利用，是项目成功的重要前提之一，因此，我们不仅需要建立项目日历，也需要对资源建立日历。项目和资源日历表明了可以工作的时段，项目日历影响所有的资源，而资源日历则影响某一具体资源或一类资源。

（3）约束条件。在制定项目进度计划过程中，必须考虑以下两类约束条件。一是强制日期。项目发起人、项目客户或其他外部因素可能要求在某规定的日期之前完成某些可交付物；二是关键事件或主要里程碑。项目发起人、项目客户或其他项目干系人可能要求在某一规定日期前完成某些可交付物，一旦确定下来，这些日期就成了预期时间，一般只有在非常困难时才有可能改动。这些都是在制定项目进度计划中要慎重考虑的约束条件。

（4）提前和滞后。为了准确确定活动关系，有些逻辑关系可能需要规定提前或滞后的时间。例如，一件设备从订购、安装到使用可能有两周的滞后时间。

2. 项目进度计划编制的过程

编制进度计划前要进行详细的项目结构分析，也就是通过工作分解结构WBS原理系统地剖析整个项目结构构成，包括实施过程和细节，系统规则地分解项目。另外，在编制项目进度计划时还需要按照以下过程来进行。

（1）确定项目目的和范围。项目进度的目标要素具体说明了项目成品、期望的时间、成本和质量目标，项目要素范围则包括用户决定的成果以及产品可以接受的程度，包括指定的一些可以接受的条件，这些是编制项目进度计划的首要过程。

（2）指定的工作活动、任务或达到目标的工作被分解、下定义并列出清单。

（3）创建一个项目组织以指定部门、分包商和经理对工作活动负责。

（4）准备进度计划以表明工作活动的时间安排、截止日期和里程碑。

（5）准备预算和资源计划。表明资源的消耗量和使用时间以及工作活动和相关事宜的开支。

（6）准备各种预测，比如，关于完成项目的工期、成本和质量预测。

3．项目进度计划制订的方法

如果不考虑甘特图，最常见的项目进度计划方法，就属于网络技术了。常用的进度网络分析技术包括关键路径法、资源平衡法和进度压缩法。这三种方法之间的关系是，先用关键路径法编出理论上可行的进度计划，再用资源平衡法把进度计划变成实际上可行的，最后用进度压缩法来进一步优化进度计划。

（1）关键路径法。

关键路径法是指在不考虑资源限制和时间强度的情况下，编制出理论上可行的进度计划。首先从项目的起点出发，沿网络图各条路径进行顺时针推算，计算出各活动的最早开始时间和最早完成时间；然后从项目的终点出发，沿网络图各条路径进行逆时针推算，计算出各活动的最晚完成时间与最晚开始时间。如图5-1所示。

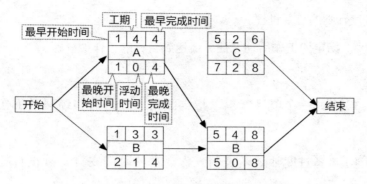

图 5-1　关键路径法和流程

编制项目进度计划的重要目的是要找出关键路径。关键路径是在网络计划中总工期最好的路径，它决定着整个项目的工期。正常情况下，关键路径上活动的浮动时间为零，即不允许有任何延误，否则会导致整个项目的延误。任何一个项目都至少有一条关键路径，关键路径越多，意味着项目进度管理的难度和风险越高。非关键路径上的活动则有一定的浮动时间，即允许延误的最长时间而不至于造成整个项目的延误。

因此，在进度管理中，不仅要注意关键路径，也要注意非关键路径是否已经或将要变成关键路径。必要时可以把非关键路径上的活动的资源调配到关键路径上去，以便保证甚至加快整个项目的进度。

需要注意的是，运用关键路径法所计算出的活动的最早开始与完成时间、最晚完成与开始时间，都只是理论上的时间。如果这个理论上的进度计划缺乏所需的资源保证，就需要进行资源平衡。

（2）资源平衡法。

资源平衡法是指通过确定出项目所需资源的确切投入时间，并尽可能均衡使用各种资源来满足项目进度规划的一种方法，该方法也是均衡各种资源在项目各阶段投入的一种常用方法。它最重要的用途，就是用来解决资源短缺。

一般来说，在进行资源平衡时，首先要计算各时间段的资源需求情况以及各时间段的资源短缺情况，弄清每个时间段所需要的资源种类和数量。然后，试图在项目内部进行资源调剂，解决资源短缺。在调节的过程中，可以考虑重新分解工作内容，比如把一个活动分解成两个活动，增加资源分配的灵活性。当然，如果资源仍然短缺，就只有设法削减工作内容，或是延长项目工期。

经过资源平衡后的进度计划，虽然看上去能够行得通，但并不一定是最优的，客户或高级管理人员有可能认为该计划的项目工期还是太长了。在这种情况下，就需要用进度压缩法来优化进度计划了。

（3）进度压缩法。

进度计划优化，就是要寻找总成本最低时的最短工期。比较常用的一种方法是在不改变活动之间的逻辑关系的前提下，通过赶工来缩短活动的工期。赶工是指在单位时间内投入更多的资源，来加快工作进度。一个理想的进度计划优化应该同时达到项目总工期缩短和总成本降低的目标。

项目成本可分成与项目活动直接相关的"直接成本"，以及与项目活动间接相关的"间接成本"。在项目存在期间，项目要按规定分担间接成本。如果赶工达到了缩短项目总工期的目的，那么，项目的间接成本就会降低，尽管直接成本会增加，如果赶工期导致的直接成本增加小于间接成本降低，那么，项目的总成本就降低了。

项目进度控制

1. 什么是项目进度控制

项目的进度计划为项目的实施提供了科学、合理的依据，从而确保了项目可以如期完成。在项目实施中，由于受到各种因素的影响，有的任务可能完成，有的可能提前，有的可能拖延。某项任务的实际进度无论是快与慢，必定会对其后续的任务按时开始或结束造成的影响，甚至影响到整个项目为完成的快慢，因此，项目一开始就应该进行计划的监控，确保每项工作都能按计划进行。通常来说，项目进度计划控制的内容有以下三个方面。

（1）对项目进度计划影响因素的控制（事前控制）。

（2）确定项目的进度是否发生了变化。项目一旦开始实施，就必须严格控制项目的进程，以确保项目能够按项目进度计划进行和完成。如果发现项目实施情况与项目计划进度之间出现了差距，而且这种差距超出了控制标准，就要找出变化的原因，并采取措施加以纠正，以保证项目进度计划的正常发展。

（3）对影响项目进度变化的因素进行控制，从而确保这种变化朝着有利于项目目标实现的方向发展。

2. 项目进度控制采取的措施

计划管理是项目管理中的重要职能，没有计划管理，各种工作就无法顺利地开展。计划是监督的依据，如果计划中没有确定的数据，就无法衡量工程的有效完成情况，可以说缺乏计划是必败无疑的。不过，光有计划也是远远不够的，必须用计划作为指导来进行项目进度计划的控制，对项目进行动态管理，才能确保工程不和计划产生偏离。一般我们可以从下面四个方面对项目进度进行控制。

（1）项目进度控制的组织措施。

组织是目标能否实现的决定性因素，为实现项目的进度目标，应充分重视健全项目管理的组织体系。在项目组织结构中应有专门的工作部门和符合进度控制岗位资格的专人负责进度控制工作，具体的措施有：

① 建立设备工程进度目标控制体系，并据此建立进度控制的设备监理现场组织机构，将实现进度目标的责任落实到每个进度控制人员。

② 建立现场进度控制的工作责任制度，说明进度控制人员在进度控制中的具体职责。

③ 派驻称职的设备监理人员，即设备监理人员应具备一定的素质和执业资格，并在上岗前经过有针对性的培训。

④ 建立可行的进度控制工作体系，包括例会制度（技术会议、协调会议等）、进度计划审核及实施过程监理制度、各类文件审核程序及时间限制等。

（2）项目进度控制的管理措施。

项目进度控制的管理措施涉及管理的思想、管理的方法、管理的手段、承发包模式、项目管理和风险管理等。在理顺组织的前提下，科学和严谨的管理显得十分重要。具体措施有：

① 用网络计划的方法编制进度计划。这种方式必须很严谨地分析和考虑工作之间的逻辑关系，通过网络的计算可发现关键工作和关键路线，也可知道非关键工作可使用的时差，有利于实现进度控制的科学化。

② 承发包模式的选择直接关系到项目实施的组织和协调。为了实现进度目标，应选择合理的合同结构，以避免因过多的合同交界面而影响工程的进展。项目物资的采购模式有利于提高进度信息处理的效率，有利于提高进度信息的透明度，有利于促进进度信息的交流和项目各参与方的协同工作。

（3）项目进度控制的经济措施。

项目进度控制的经济措施包括资金需求计划、资金供应的条件和经济激励措施等内容。为确保进度目标的实现，应编制与进度计划相适应的资源需求计划，并通过对资源需求的分析，发现所编制的进度计划实现的可能性，如果资源条件不具备，则应调整进度计划。具体措施如下：

① 建立设备工程付款程序，及时审核承包商的进度付款申请，并向业主出具付款签证，以便业主及时向承包商支付进度款。

② 及时处理变更和索赔付款。

③ 采取奖惩措施，如对提前竣工，可给予物质和经济奖励，对工程拖期，则采取一定的经济处罚。

（4）项目进度控制的技术措施。

进度控制的管理技术措施是指运用各种项目管理技术，通过各种计划的编制、优化实施、调整而实现对进度有效控制的措施，其主要包括以下内容：

①建立一套实用和完善的设备工程进度控制的程序文件。

②采用横道图计划、网络计划技术等，编制设备工程进度计划。

③利用电子计算机和各种应用软件辅助进度管理，包括进度数据的采集、整理、统计和分析。

需要注意的是，项目的不同设计理念和方案会对项目进度产生不同的影响，因此，在设计工作的前期，应对设计技术与项目进度的关系做分析、比较。尤其是在项目进度受阻时，要分析是否存在设计技术的影响因素，通过改进完善和加快项目进度。

3. 项目控制的常见挑战

不管你是一个经验多么丰富的项目经理，任何一个项目都不会是一帆风顺的，它总是会用一些艺术、一些科学和一些戏法的手段来挑战你的能力。尤其是你在试图控制项目时就经常要面对一些挑战，下面就来看看导致这些问题出现的原因。

（1）组织安排时间的影响。如果在时间报告和项目成本跟踪方面遇到组织安排问题。就会影响绩效报告的及时性和准确性。因此，在计划过程中，需要理解和明白如何报告项目时间和成本信息，以及要花多少时间来获取这方面的数据。甚至是设立具体的时间报告或批准程序来确保控制系统的完整性。

（2）项目经理不情愿或任务繁重。一般来说，项目经理不太情愿需要由项目团队成员制定的WBS层级时间报告。另外，如果项目经理的任务繁重，就没有足够的时间投入项目控制中。当项目经理同时担任多个角色或者负责多个项目时最容易出现这种情况。

（3）无法准确衡量进度。无法准确衡量进度是产出无形产品的工作任务中自然会遇到的难题，尤其是当项目状态是估算出来的时候。如果工作定义不清楚，又没有设立正式的标准，或者不按要求汇报工作的话，这个问题会更加复杂。

（4）缺少变更控制。最普遍的原因就是缺少变更控制程序。如果项目范围扩大，而项目进度计划和预算又没有做出适当调整时，缺乏变更控制程序就会带来很多问题。

（5）没有设定完成标准。如果没有给工作任务清楚地设定完成标准，就很可能会增加返工次数，更难以准确地报告进度或状态。

（6）没有预算基准。如果没有设立并控制进度计划和预算基准，就无法准确地衡量绩效偏差，因此也就不大可能尽早发现问题。

（7）执行不一致。如果对控制程序的执行不一致，就难以尽早识别绩效偏差，更难与让项目团队成员遵循定义好的控制程序。

（8）隐性工作的影响。这主要是工作定义和变更控制方面的问题。在未识别的工作任务、未预料的返工或超出项目范围的工作上所做的努力，会给项目控制程序的准确性和有效性带来影响。

第 *6* 章
质量管理，达标是项目追求的最高标准

项目质量管理定义

1. 什么是项目质量

质量，一般是针对产品而言的，ISO9000把质量定义为产品或服务能满足规定或潜在需求的特性和特征的集合。PMI则将质量定义为是对一种产品或服务能满足对其明确或隐含需求的程度产生影响的该产品或服务特征和性质的全部。这应该是对质量最准确的定义了。

那么，项目质量又该如何来定义呢？从项目作为一次性的活动来看，项目质量体现在由工作分解结构反映出的项目范围内所有的阶段、子项目、项目工作单元的质量所构成。也就是项目的工作质量从项目作为最终产品来看，项目质量在其性能或者使用价值上，就是项目的产品质量。

每一个项目活动都是根据业主的需求进行的，不同的业主有着不同的质量要求。因此，项目质量除必须符合有关标准和法规外，还必须符合项目合同条款的要求，项目合同是进行项目质量管理的主要依据之一。

项目的特性决定了项目质量体系的构成。从供需关系来讲，业主是需方，他要求参与项目活动的各承包商（设计方、施工方等）提供足够的证据，建立满意的供方质量保证体系。另外，项目的一次性、核算管理的系统性及项目目标的一致性均要求将项目范围内的组织机构、职责、程序、过程和资源集成一个有机的整体，在其内部组织良好的质量控制及内部质量保证，从而构筑出项目的质量体系。

由于项目活动是一种特殊的物质生产过程，其生产组织特有的流动性、综合性、劳动密集性及协作关系的复杂性，均增加了项目质量保证的难度。

项目的质量管理主要是为了确保项目按照设计者规定的要求来完成，它包括使整个项目的所有功能活动能按照原有的质量及目标要求得以实施，质量管理主要是依赖于质量计划、质量控制、质量保证及质量改进所形成的质量保证系统来实现的。

2. 项目质量管理的原则

任何管理方式都有自己需要遵循的原则，只有在原则的指导下管理才能收到成效，质量管理同样不例外。为了有效地实施质量管理，实现预期的质量方针和目标，必须有完善的、行之有效的质量管理理论。以下七个原则是实现质量管理的有效措施。

（1）明确目标。明确目标是指质量管理的最终目标是为客户服务，把客户的满意度当作质量管理的首要目标。在对产品质量进行管理的过程中，要坚持以客户为导向，以客户为中心。要想提升客户的忠诚度，就必须让产品质量超过客户的期望。

（2）领导作用。领导应确保组织的目的与方向的一致，应当创造并保持良好的内部环境，使员工能充分参与实现组织目标的活动。一方面是在建立质量管理体系、制定质量方针、目标，策划质量管理体系，提供资源和设施，组织持续改进等方面发挥作用；另一方面还要处理好人员、职责和活动三者之间的关系，充分调动人的主观能动性，创造一个和谐的氛围，鼓励员工为质量目标的实现贡献自己的智慧和力量。

（3）全员参与。质量管理是一个系统工程，它不仅仅是质量管理人员的职责，而且是所有参与项目实施的人员的责任。所以说，对项目质量的管理是一个需要全员参与的过程，需要每一位员工都能以主人翁的心态对待质量问题，把提升质量和严格遵守质量规则当成一种自觉行为。

（4）过程管理。将活动和相关资源作为过程进行管理，可以更高效地得到期望的结果。使资源将输入转化为输出的任何一项或一组活动均可以视为一个过程。为使承包工作有效运行，承包商必须识别和管理许多相互管理和相互作用的过程。通常，一个过程的输出将直接成为下一个过程的输入。过程管理能提高其有效性和效率，并通过控制结果的形成过程，确保过程的结果符合要求。

（5）有根有据。有根有据是指在面对涉及质量管理的任何问题时，都不能凭主观臆断来下决策，必须以事实为依据，以量化分析为基础。在制定决策时，应该参考各种真实有效的数据，并以正确的方法进行量化分析，如此才能保证质量管理的决策不犯或少犯错误。

（6）互惠互利。组织与供方相互依存，可增强双方创造价值的能力。供方是指向承包商提供施工所需各种资源的组织或个人。由于社会分工越来越细，生产专业化程度越来越高，产品生产需要由多个组织分工协作共同完成。因此，任何组织都有其相互依存的供方或合作伙伴。承包商应与其供方保持良好的合作关系，联合起来为顾客提供优质的服务，优化资源结构，降低成本，增加创造价值的能力，最终达到与供方双赢的结果。

（7）不断完善。由于事物是在不断地发展、变化的，人们对质量管理体系、过程、产品等持续改进对象的要求也是在不断变化和提高的。不断完善其实就是一个持续改进的过程，这也是质量管理的原则之一。只有不断完善质量管理的各种规章制度和管理措施，才能保证项目质量不断提升，以达到精益求精的目标。

3. 为什么说质量管理在管理层

质量管理是项目管理的重要组成部分，它不仅能确保项目产品满足顾客需求，而且也能促进项目管理水平的提升。想要获得质量管理上的成就必须有一个好的项目经理，因为一个追求质量、精益求精、兼顾质量与效率的工作氛围才能够保证项目的质量，这对项目经理来说是一件充满挑战的工作任务。

为什么项目经理对质量管理很关键呢？因为质量管理首先要确保项目团队按照项目规则和流程实施项目计划。管理大师戴明也说过，85%的质量管理来自管理者，项目经理需要积极作为以确保团队成员遵守项目管理相关的各种规章制度以及流程，并以此为契机建立起"追求质量"的工作氛围。具体而言，可以从以下几个方面着手。

（1）明确质量标准。

质量标准是项目成功必须达到的最低要求。好比买手机，如果你的需求仅仅只是作为通信工具，而你的质量要求可能是美观、运行速度快、功能多。但是销售员不会这么想，他们一定会为你展示高配置的手机，以此试图影响你对手机的选择标准，这样他们可以得到更多的提成。因此，在质量管理上，项目经理也需要排除干扰，紧盯质量标准，按要求安排或开展项目活动，不要偏离目标。

（2）把个人绩效引入质量考核。

通过将质量考核引入个人考核中，项目经理为团队成员设定各自的目标。管理者对员工考核的内容一般就是员工工作和努力的重点，用好绩效考核的指挥棒能帮助项目经理引导员工的行为。

（3）提供资源和制度保证。

提供资源是指项目经理需要为员工实施"质量"活动提供"武器"。比如为了提倡"重视质量"的文化，而设计一种方便员工参与质量管理的纸质表格。员工在发现项目活动与质量标准有偏离的时候有权利停止或制止活动。同时，项目经理还应该建立奖惩机制，对积极提高工作质量的员工进行鼓励，对那些工作不注重质量的员工进行批评或相应的惩罚。

4. 确立质量管理目标

质量管理计划所确立的目标首先是管理目标，之后才是质量目标，管理目标是引导质量管理的一种行为，而质量目标则是规范产品质量的标准。前者可以涵盖后者，实施效果有重合的地方，但两者的着眼点不一样。质量管理行为的不同动因，会产生不同的质量管理目标。

（1）需求引导型目标。

这类目标需要往市场需求上寻找，把眼光盯在如何满足客户的期望值上。客户的期望值往往是永无止境的，安全满足了他们要求的便捷，便捷满足了他们要求的舒适，舒适满足了他们要求的美观，等美观满足了他们又要求的经济了。大多数项目的质量管理目标都属于这种类型。

（2）科技推动型目标。

很多项目都属于科技型项目，这种项目的科技含量很高，而科技又是一个快速发展的领域，要想让自己的项目产品能够被消费者喜欢或不被淘汰，就必须使产品的科技含量能够跟得上科技发展的步伐。所以，这种项目质量管理目标主要体现在与时俱进这一方面。

（3）竞争驱动型目标。

这往往是在有定型产品和成熟工艺的竞争性行业中的组织最现实的选择。由于在设计开发方面已很难再有大文章可作，只有在精益求精或者降低缺陷率上下功夫。在竞争对手林立的市场上，这类质量管理标靶就在前方跑道上，树立一个榜样标杆，或者盯着更加强大的竞争对手，以其质量管理目标作为参照物，作为自己赶超的标靶。在各种类型质量管理目标中，竞争驱动型目标是最清晰可行的，甚至连达标的步骤和手段都可以借鉴。

（4）社会强制型目标。

社会强制型目标是指在质量管理目标的确立过程中，企业或项目组织不具备自主选择的权利，而是由国家权威部门或法律法规强制规定的。比如食品添加剂的指标、污染物的排放指标、塑化剂的指标等，项目产品质量只有达到了社会强制型目标，项目产品才能被社会大众接受。

确立质量管理目标之后，就可以在这个宏观目标的指导下设定具体产品或服务的质量目标了。产品的质量目标需要瞄准客户的满意度，因为客户的满意度是一个不断移动的标靶。捕捉这个标靶，体现高难度的质量管理水平，其中最困难、最烦琐的工作，就是识别客户的各种需求。

项目质量计划

1. 质量计划编制的依据

项目质量计划是指为确定项目应该达到的质量标准和如何达到这些项目质量标准而做的项目质量的计划与安排。项目质量计划是质量策划的结果之一，它规定与项目相关的质量标准，如何满足这些标准，由谁及何时应使用哪些程序和相关资源。一般来说，项目质量管理计划的输入依据有以下几个方面。

（1）事业环境因素。首先是与项目可交付成果相关的国家法规和行业法规，包括诸如环保、安全、社会道德等方面的强制性法规，这些是项目质量的外在约束条件；其次是标杆企业或竞争性项目的参照标准，可作为制定本项目质量计划的参考。另外还有项目本身的内在约束条件，如成本估算和工期期限。

（2）范围说明书。它规定了主要的项目成果，也规定了项目的目标，是质量计划的依据，它陈述了投资者的需求以及项目的主要要求和目标。因此，项目管理者在确定项目质量目标时，一定要全面考虑范围问题，制定好项目范围说明书。

（3）组织过程资产。首先是项目组织的质量管理方针，这是一个项目组织对待质量问题的根本态度，它将决定质量目标的确立，决定团队成员的价值取向和工作准则；其次是产品说明书或范围说明书，因为其中定义项目交付成果以及为赢得客户满意度所需的质量标准。

（4）需求文件。需求文件记录项目应该满足的，与干系人期望有关的需求。要求文件中主要包括项目需求和质量需求，这些需求有助于项目团队规划开展项目质量控制。

2．项目质量计划编制的方法

项目质量计划的编制既要有一定的依据，同样也需要掌握一定的方法。一般来讲，项目质量计划可以通过以下几种方法来编制。

（1）成本收益分析法。

成本收益分析法涵盖的范围很广，主要包括外部损失成本、内部损失成本、鉴定成本和预防成本这四个方面。

① 外部损失成本。是指项目产品在进入市场后质量存在问题，导致项目额外产生的一切损失和费用，比如，项目产品保修费用项目产品责任损失费用、折旧损失费用等。

② 内部损失成本。是指项目产品在交付前质量存在问题，导致项目产生额外产生的一切损失和费用，比如，返工损失费用、停工损失费用等。

③ 鉴定成本。是指因为检验项目产品质量而产生的费用。比如，工序检验费用、质量审核费用、成品检验费用、进货检验费用、保险检验费用等。

④ 预防成本。是指为了避免不良项目产品或服务的产生，而采用的

相关措施费用。比如，质量教育培训费用、专职质量管理人员的薪酬、质量奖励费、质量审核费用等。

（2）流程图。

流程图是指显示各系统中各要素之间的相互关系的一种图，项目质量管理中常用的流程图有两种，一是因果图，二是系统流程图。

① 因果图。又称鱼骨图，如图6-1所示，它主要用来说明各种直接原因或间接原因与存在的问题之间的关联性。

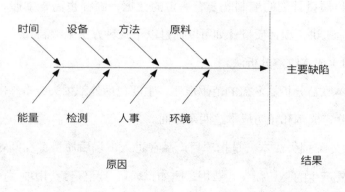

图6-1 因果图图示

② 系统流程图。又称程序流程图，如图6-2所示，它主要用于展示一个系统中各个要素之间存在的相互关系。它的优点是可以帮助项目管理人员预测在哪些环节可能发生哪些质量问题，这有助于质量问题的提前解决。

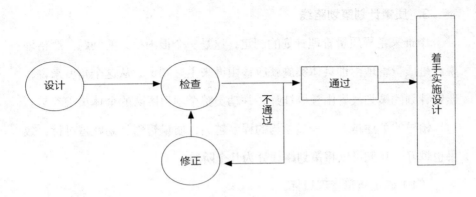

图6-2　系统流程图图示

（3）标杆经验法。

标杆经验法是指以同类优秀项目的质量计划和质量管理的结果为标准，通过对这个标准的研究，从而制订出本项目质量计划的一种方法。对于标准的选取，不一定非选择同类中的超级企业的质量标准，因为自身的水平估计很难达到，完全可以选择自己的竞争对手的质量标准。当然，竞争对手的质量标准一定要比自身的质量标准高，这是基本前提。

（4）实验设计法。

实验设计法作为一种分析技巧，它用于测定影响项目产品功能质量的各种变量要素的比值，并识别出对项目质量影响最大的变量，从而找出关键因素以指导项目质量计划的编制。

实验设计的操作原理是先在项目产品质量要求和约束条件的基础上建立一个数量模型，然后罗列出所有可能对项目产品质量产生影响的要素，并把这些要素输入模型。然后依次上下调整上述变量因素，对产生的不同

质量标准进行综合评价，直到质量标准达到满意为止。

3. 质量计划策划路线

由谁来主导质量管理计划的制定，这是一个很困扰人的问题。严格地说就是质量管理由谁具体实施就应该由谁来主导制定。从这个角度来说，质量计划的策划最好由领导挂帅，并动员整个项目团队的全体员工参与。这样领导的关注越多，全员参与的程度越高，质量管理计划就越可行，效果也越好。我们可以将策划路线分为几个阶段。

（1）确定质量管理目标。

只有确定了质量管理目标，才能为整个组织指出一个质量管理的努力方向。质量管理目标的确立过程实际上是一个目标搜寻、识别、判断、选择的过程，不同的项目，质量管理目标也不同，这在很大程度上取决于组织提高质量管理水平的动因在哪里。

（2）寻找实现目标的突破口。

目标确立之后，下一步需要在设计产品特性或策划服务内容上寻找突破口，即考虑从何处着手能够满足客户的期望值。策划一个可行的质量管理计划，就是分阶段选择一个客户的需求点，比如在某一点上超越竞争对手的水平，超出客户的期望值。通过每个阶段的努力，积小胜为大胜，向自己设定的质量目标慢慢靠近。

（3）建立过程保证体系。

找到突破口和计划实施方式，接下来要面对的问题就是如何才能保障实施效果。要想使实施效果得到有力的保障，就必须创建一种保障计划顺利实施的体系。比如，建立项目质量管理组织、质量指标体系和规章制度等，只有保证体系建立好了，质量目标才能得到有效的突破。

（4）实施过程控制程序。

在质量保证体系确定后，项目就进入质量突破的实施过程，在这一过程中，势必遇到如何发现质量偏差、采用什么措施或手段来调整偏差等问题，这就需要对实施过程进行控制，以确保项目能够达到预期的质量目标。

项目质量保证体系

1. 项目质量保证的定义及内容

项目质量保证是项目质量管理的第二个过程，是指通过项目质量计划，规定在项目实施过程中执行公司质量体系，针对项目特点和用户特殊要求采取相应的措施，使用户确信项目实施能符合项目的质量要求。

质量保证可分为内部质量保证和外部质量保证。

（1）内部质量保证。内部质量保证就是为使单位领导确信本单位产品或服务的质量满足规定要求所进行的活动，其中包括对质量体系的评价与审核以及对质量成绩的评定。

（2）外部质量保证。外部质量保证就是为使需方确信供方的产品或服务的质量满足规定要求所进行的活动，在外部保证活动中，首先应把需方对供方质量体系要求写在合同中，然后对供方的质量体系进行验证、审核和评价。供方须向需方提供其质量体系，满足合同要求的各种证据，证据包括质量保证手册、质量计划、质量记录及各种工作程序。

作为一种具有事前性和预防性的项目质量管理工作，项目质量保证是为了使项目干系人确信该项目将能达到有关质量标准，而在质量管理体系中开展的有计划、有组织的全部活动，它涉及一系列经常性的项目质量评估、项目质量核查与项目质量改进等方面的工作。

由于项目质量保证的主要目的是提高项目的效率和效果，为项目的所有项目干系人增加收益，因此，其实施的最终结果是项目质量的改进与提高以及为用户提供满意的项目质量。

2. 质量管理体系的构成

在进行项目管理时，建立并不断完善质量管理体系，是整个质量管理的核心内容，它将为项目质量保证奠定坚实的基础。一般来说，项目质量管理体系主要由以下几个质量保证系统构成的。

（1）组织架构保证体系。这个组织架构主要包括最高层领导在这个组织架构中扮演的角色，全体员工参与的方式和参与的程度，以及专业质量管理人员的配备以及所扮演的角色等。

（2）规章制度保证体系。这个体系的内容主要包括操作流程的规范制度，信息管理的规范制度以及检验程序和变更程序的操作规程等。

（3）质量标准保证体系。建立质量标准体系需要坚持三个原则，一是必须有精确量化的质量指标；二是必须有具体明确而不是抽象含糊的质量要求；三是实施操作的细则需要有统一的术语说明。

（4）资源配置保证体系。资源配置主要包括设备要素，配备必要的质量检验设备，并保证生产设备本身的质量；原材料要素，建立质量认证体系保证原材料供应链的质量标准；人才要素，选择、配备、培训合格的工作人员和质量管理人才。

（5）持续改进活动保证。持续改进活动的内容并无定式，但一般包括培训、检查、评比、问题分析、征集建议等活动。持续改进组织的产品

质量，服务过程和质量管理体系过程，是市场经济的客观要求，同时也是组织自身生存和发展的客观需要。

3. 与质量相关的成本

与质量相关的成本是构成项目量化指标体系的重要组成部分，又被称为质量缺陷成本，或简称质量成本，按不同的类型划分，它又可以分为一致性成本和不一致性成本。

（1）一致性成本。

一致性成本又可分为质量的预防成本和评估成本。预防成本是计划和实施一个项目所支付的调研、培训、预防等前期成本；评估成本是在项目实施过程中，为使质量偏差保持在一定范围之内所支付的诸如质量检验、采购和维护检验设备、聘用专业质量检验人员等成本开支。

（2）不一致性成本。

不一致性成本又可分为质量内部缺陷成本和外部缺陷成本。

质量的内部缺陷成本是产品或服务到达客户之前已经被识别并纠正的质量缺陷所引发的成本，如返工，废品、延期付款、存货积压、变更设计、延长工期等造成的损失；质量的外部缺陷成本是由客户发现识别的质量缺陷所引起的成本，如责任诉讼、退换产品、赔付损失、行政罚款、增加保险费等，还有因商誉损失而丧失的商业机会和市场份额。后者造成的损失虽然无法准确计量，但往往是企业所承受不起的。

一般来说，项目的一致性成本应该大于不一致成本，这种情况说明项目的实施才是顺利的，如果出现不一致成本大于一致成本的现象，就说明项目面临风险或危机了。所以说，一致成本与不一致成本的比值，是判断项目风险的重要预警指标。

项目质量控制体系

1. 项目质量控制的概念及依据

项目质量控制是指对项目质量实施情况的监督和管理，它主要包括项目质量控制标准的制定、项目质量实施情况的度量、项目质量结果与项目质量标准的比较、项目质量误差与问题的确认、项目质量问题的原因分析以及采取项目质量纠偏措施、消除项目质量差距与问题等一系列活动，这是一项贯穿项目全过程的项目质量管理工作。

项目质量控制的依据有一些与项目质量保障的依据是相同的，有一些是不同的。项目质量控制的主要依据有：

（1）项目质量计划。这与项目质量保障是一样的，这是在项目质量计划编制中所生成的计划文件。

（2）质量测量指标。描述了项目或产品的属性及其测量方式，主要包括功能点、平均故障间隔时间和平均修复时间。

（3）项目质量工作说明。这也是与项目质量保障的依据相同的，同样是在项目质量计划编制中所生成的工作文件。

（4）批准的变更请求。在实施整体变更过程中，通过更新变更日志，显示哪些变更已经得到批准、哪些没有得到批准。它包括各种修正，如修订的方法、修订进度进化等。

（5）可交付的成果。是指任何独特的并可核实的产品、成果或能力，最终将成为项目所需的、确认的可交付成果。

2. 项目质量管理控制流程

PDCA流程法是由质量管理大师菲根堡姆首创于20世纪50年代，当时的起点环节不是计划，而是检查，因此当时的流程顺序应该是CAPD，后来在ISO9000体系诞生之后，才将计划环节改换为起始环节，成为PDCA，如图6-3所示，PDCA是四个英文词的缩写，分别代表质量控制过程中的四个环节。

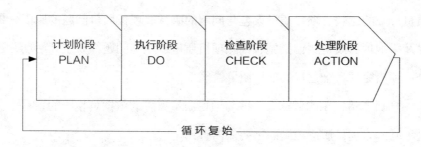

图6-3　PDCA流程法

（1）Plan是计划，制定质量管理的目标、要求、流程、制度等。

（2）Do是执行，实施质量管理计划，给予组织、标准、规章、资源等方面的保障。

（3）Check是检验，对照计划检查实施结果，发现缺陷及偏差并寻找原因。

（4）Action是处理，对缺陷和偏差进行规范化处理，对无法进行规范化处理的，需要对流程及计划进行调整。然后调整措施又将被纳入下一轮新的计划，形成一个循环往复的闭路流程。

质量控制的PDCA流程贯穿了质量管理中预防、保证、检验、纠偏四个最重要的概念。预防和保证是为了将缺陷排除在过程之外，检查和纠偏是为了将缺陷排除在送达客户之前，PD着眼于预防和保证，CA着眼于检查和纠偏。

3. 项目质量控制的方法

作为项目的主要负责人，项目经理在计划过程中需要考虑控制质量的方法，并记录到质量管理计划中，然后在应用到项目执行的过程中去。一般来讲，项目质量控制有以下一些方法是项目经理需要掌握的。

（1）统计抽样。按照质量管理计划中的规定，抽取和测量样本。

（2）质量检验法。质量检验是指那些测量、检验和测试等用于保证工作结果与质量要求相一致的质量控制方法。

（3）控制图法。控制图法是建立在统计质量管理方法基础之上的，它利用有效数据建立控制界限，如果项目过程不受异常原因的影响，从项目运行中观察得到的数据将不会超出这一界限。

（4）检查。检查是指检验工作产品，以确定是否符合书面标准。检查的结果通常包括相关的测量数据。检查可在任何层次上进行，如可以检查单个活动的成果，或者项目的最终产品。检查也可称为审查、同行审查、审计或巡检等。

（5）审查已批准的变更请求。对所有已批准的变更请求进行审查，以核实它们是否已按批准的方式得以实施。

（6）核检清单法。核检清单是项目质量控制中的一种独特的结构化质量控制方法。

（7）流程图法。这种方法主要用于在项目质量控制中，有关分析项目质量问题发生在项目流程的哪个环节和造成这些质量问题的原因以及这些质量问题发展和形成的过程。

（8）趋势分析法。是指使用各种预测分析技术来预测项目质量未来发展趋势和结果的一种质量控制方法。

第 7 章
有效沟通才能突破项目
推进中的障碍

项目沟通管理的定义

1. 如何理解项目沟通

要想成为一个成功的项目管理者，就必须充分发挥自己的沟通能力和开展沟通工作，使项目团队更加合理和有效地运行。因为项目组织是以团队的方式开展工作的，而团队作业需要更多的思想沟通和信息交流。为了更好地理解项目沟通，我们必须了解以下几个有关沟通的概念。

（1）沟通就是相互理解。无论通过什么渠道，沟通的首要问题都是双方是否能够相互理解，是否真正能够理解相互传递的信息和含义，相互理解字里行间或话里话外的真实意思。

（2）沟通是信息和思想的交流。沟通过程中交换的主要是信息和思想。信息是描述具体事物特性的数据，是支持决策的有用消息；思想是一个人的感情和想法，包括期望、要求、命令等。任何沟通过程都离不开信息的交换和思想的交流。

（3）沟通是提问和回应的过程。沟通的双方总是向对方提出各种各样的问题和要求，一方总是希望另一方变成某种角色或做某件事情，或者回答某个问题，而另一方则会要求为此而获得一定的回报。沟通就是关注、理解对方的问题和要求，然后给出回应的过程。

（4）沟通是有意识的行为。在许多情况下，沟通受主观意识的支配，所以沟通的效果在很大程度上受到双方主观意愿和情绪的影响。人们倾向于倾听那些想听的话，而不愿听那些不想听或有威胁的话，所以在沟通过程中，主观意识会造成沟通障碍从而使沟通失效。

理解了这几点，对项目沟通管理的认识也就不难理解了。简单地说，项目沟通管理就是为了确保项目信息及时适当的产生、收集、传播、保存和最终配置所必需的过程。它把成功所必需的因素，如人、想法和信息之间提供了一个关键连接。涉及项目的任何人都应准备以项目"语言"发送和接收信息并且必须理解他们以个人身份参与的沟通怎样影响整个项目。

2. 项目有效沟通的基本原则

项目干系人进行沟通和交流没有统一的模式，沟通交流需要面对的是具体的人，项目传递的信息必须是对干系人有用的信息。为了更好地与项目各干系人进行交流，项目经理需要理解如下几个原则。

（1）"WIIFM"原则。也就是"What's in it for me"的缩写，它意味着接收信息的一方与所接受信息有利益上的关联。比如银行卡被吞，你打电话告知银行工作人员，可能对方会不急不忙，但如果你告知的是取钱时多吐出了钱，他们很快就会赶到。因此，不与干系人的利益直接挂钩，这种交流可能是无效的，至少不是高效的。

（2）沟通要有主动性。项目经理需要主动与干系人保持沟通，让他们清楚项目的进展情况以及遇到的问题。客户关于项目运行情况的第一手资料必须来自项目经理。比如在进行一个项目时，如果出现了问题，项目经理应该第一时间告知客户原因，而不应该等到问题解决了再汇报。因为如果客户不知情，很容易产生不必要的矛盾。

（3）沟通要简洁高效。沟通讲究效率，过多的信息传播的效果也未必好。项目经理与干系人进行交流也需要注意"度"，避免"信息拥堵"。比如，如果项目运行良好，下次例会又不会带来额外价值，为什么不取消这次会议呢？项目经理完全可以告诉员工，"因为项目运行良好，所以本次会议取消"，这样对员工传递的是满满的正能量。

（4）沟通要有始有终。沟通交流始于项目启动而止于项目结束，与干系人进行交流没有一劳永逸的方法。但制订有效的沟通交流计划可以提高沟通交流的效率，使在这方面的管理变得简单和有章可循。

（5）沟通要区别对待。项目干系人所需要的信息是不相同的，对信息需求的紧迫程度及要求的沟通方式也不一样，这就需要项目经理有区别地对待，管理与他们的沟通与交流。

3. 项目沟通的基本模式

人与人之间需要相互理解，"理解"的基础在"沟通"，"沟通"的基础则在"交流"。因此，人与人之间要达到相互理解，就必须经过从"交流"到"沟通"，再到"理解"这个过程，如图7-1所示。

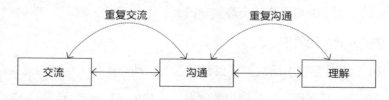

图7-1　人际交流、沟通、理解过程

如果一次交流达不到沟通的目的，就需要再进行交流；如果沟通以后还达不到理解，就需要再进行更多次的沟通。虽然"沟通"这个词从广义上来讲，可以同样覆盖"交流""沟通（狭义）"和"理解"三层含义，但是在这里故意把这三层意思分开来介绍。

人们通过各种途径，如口头或书面的途径，正式或非正式的途径，来表达自己的想法和听取对方的想法这就是交流。交流的目的是沟通，但交流并不一定能达到沟通的目的，因为在交流的过程中会受到信息阻塞，如图7-2所示。

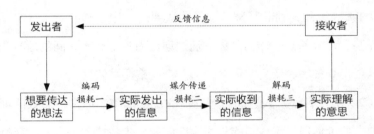

图7-2　交流过程中的信息损耗

从交流到沟通的过程中，有三种主要的信息阻塞。第一种和第三种损耗是因人的主观思想而引起的，第二种损耗是因信息的客观载体或信息接收者的客观缺陷而引起的。第一种损耗是信息发出者在编码的过程中对信息有意或无意的过滤，第二种客观损耗应该从技术上设法解决，不是管理学要关心的主要问题，第三种损耗则是信息接收者在解码的过程中对信息有意或无意的过滤，这两种因主观原因而导致的信息损耗，是比较严重的。

信息损耗越大，就越不能达到沟通的目的。因此，信息接收者需要及时地把自己所理解的信息内涵，通过各种方式反馈给信息发出者，使信息发出者能及时检查自己的意图是否已被理解。对于比较复杂的信息传递，反馈是极其重要的。只有把信息损耗降到最低程度，才能通过交流达到沟通的目的。

4．项目沟通的重要性

项目沟通管理的目的是使项目组内部成员和项目干系人能及时、准确地得到他所需要的信息，并能正确地理解相关信息，为项目的目标实现提供保证，起到协调多方关系的润滑剂作用。因此，对于项目来说，要科学地组织、指挥、协调和控制项目的实施过程，就必须进行有效的沟通，其重要性主要体现在以下几个方面。

（1）决策和计划的基础。项目团队要想做出正确的决策，必须以准确、完整、及时的信息作为基础。通过项目内外部环境之间的信息沟通，就可以获得众多的、变更的信息，从而为决策提供依据。

（2）项目各干系人之间思想交流的重要保障。通常，有效的项目沟通管理，使全体项目组成员的思想高度统一、步伐协调一致、一起行动听指挥、各项资料版本统一。因此，项目沟通是项目管理成功与否及执行好坏程度的一个关键问题。

（3）组织和控制管理过程的依据和手段。在项目团队内部，没有好的信息沟通，情况不明，就无法实施科学的管理；只有通过信息沟通，掌握项目团队内的各方面情况，才能有效地提高项目团队的组织效能。

（4）项目经理成功领导的重要手段。项目经理通过各种途径将意图传递给下级人员并使下级人员理解并执行。如果沟通不畅，下级人员理解有误，就会导致项目混乱甚至项目失败，因此提高项目经理的沟通能力，与领导过程的成功有极大关系。

项目沟通计划的编制与实施

1．项目沟通计划的需求分析

项目沟通计划的编制要根据收集的信息，先确定出项目沟通要实现的目标，然后根据项目沟通目标和确定项目沟通需求去分解得到项目沟通的任务，进一步根据项目沟通的时间要求去安排任务。那么，项目沟通的需求是什么呢？这里我们可以把它的内容提炼为5W，即Who，What，When，Where，Way。

（1）Who 也就是与谁沟通。首先我们要确定需要沟通的干系人。项目经理如果以自己为中心，需要与A、B、C、D、E 5个方面的人建立沟通的关系。

A：项目发起人和投资人，对他们负责。

B：团队成员和技术骨干，授权并激励他们工作。

C：客户和政府相关部门，满足其需求或法规。

D：供应商或分包商，获得他们的资源和劳务支持。

E：同业竞争者、新闻媒体、项目支持者和项目反对者。需要纵横捭阖，周旋其中。

（2）What 是指沟通什么内容。这个内容包括两个方面：一是需要向Who发布哪些信息，比如，向上级领导汇报项目进展情况，向下面的员工下达分工任务指令；二是需要从Who那里获得哪些信息，比如，从客户处获取他们的质量需求，从供应商处获得其报价。

（3）When 是指信息需求的时效性和沟通的时间跨度。

（4）Where 是指沟通的场合，项目的沟通可以选择的场合很多，情况不同地点也会不一样，可以是在会议室，也可以是在施工现场，当然也可以是在餐馆等。

（5）Way 是指选择怎样的方式与干系人进行沟通。比如，与上级领导沟通，要看对方是喜欢口头汇报还是书面报告，喜欢看电子文件还是打印文件。

2. 影响项目沟通计划选择的因素

在制定项目沟通计划的过程中，必须明确各种信息需求的沟通方式和方法。因为不同的沟通方式和方法会对项目信息传递的准确性、可靠性、及时性和完整性产生影响。究竟采用哪种沟通方式与方法是由项目实际需求和客观条件决定的，且受到以下因素的影响。

（1）沟通需求的紧迫度。项目要取得成功，就必须进行大量的、不断更新的信息沟通。这些信息，有些时间紧迫需要及时沟通，有些则可以暂缓，所以在确定沟通方式与方法时要充分考虑这一因素，对于紧迫的信息沟通需求要选用更为快捷的沟通方式，对暂缓的信息需求则可以采用相应慢一些的沟通方式。

（2）沟通方式的有效性。采用什么样的方式方法最有助于满足项目沟通需求是确定项目沟通方式的关键因素之一。比如，进行研究和集体决策时，召开会议进行沟通是比较好的选择，而发布规章制度或各种项目事务的通告则更适合于采用公告的沟通方式。

（3）项目相关人员的能力和习惯。沟通方式方法的选择还必须充分考虑项目参与者的经历、知识水平、接收与理解能力和在沟通方面的习惯做法。这包括现有的能力和习惯以及需要进行广泛的学习和培训来提高及改进的能力与习惯。

（4）项目规模的大小。根据项目规模的大小，沟通计划的选择自然也会不同。对于规模小、工作量不大、生命周期很短的项目，一般可以选用人们习惯的和便于实施的沟通方式与方法；对于规模大、生命周期长的项目就不能如此了，就需要采取一些先进而有效的项目沟通方式和方法，才能达到更高的效率。

3．项目沟通计划的实施

沟通不只是一句口号，需要实际行动起来。编制沟通计划之后，对那些最重要的就要按照计划去实施各种沟通。比如，口头或书面的沟通、正式或非正式的沟通、定期或不定期的沟通、纵向或横向的沟通等。只有把计划落实下去，才能达到沟通的目的。

口头沟通是比较常用的。在口头沟通中，起作用的不仅是你所说的内容，而且还有你说话的方式，包括声音大小、语音语调、脸部表情、肢体动作等，通过说话的方式所传达的信息，通常要比通过所说的内容传达的信息丰富得多。

其次是纵向和横向沟通。纵向沟通是处于不平等位置的双方之间的沟通，如上下级之间的沟通；横向沟通是处于平等位置的双方之间的沟通，如同级员工之间的沟通。过去认为纵向沟通中的信息损耗非常严重，要比横向沟通中的信息损耗严重得多，这主要有两个方面的原因。一是处于强势的一方不注意自己的沟通方式，反正弱势的一方要无条件地执行；二是处于弱势的一方即便不理解甚至认为对方的指示是错误的，也不敢或不愿加以指出。

可见，如果想要取得良好的沟通效果，想要下属真正按照计划去行动，就要尽量把对方放在平等的位置上来沟通，优秀的项目经理，会因为把下属放在平等的位置上，自然提高了自己的身份；差劲的项目经理，则会故意把下属当下属，就自然降低自己的身份。平等才能取得最佳的沟通效果。

项目计划的沟通，是为了改进项目实施工作，促进项目成功完成。因此，必须依据项目的实施绩效来最终评判项目沟通的好坏。考察项目绩效，就需要考察项目实施情况与计划要求之间有多大偏差？偏差是什么原因引起的？需不需要采用纠偏？按照目前的情况继续下去，项目完工时的情况如何等一系列问题。

此外，项目干系人的满意程度，也是考察的一个方面，因为满足主要干系人对项目的利益追求，是项目管理的宏观目标。要做好干系人管理，很大程度上要借助良好的沟通，应该通过沟通来分享信息、交流意见、预防问题、达成一致，这样才能在实际问题出现时有效的解决，并且干系人之间的大多数问题通过沟通都是可以得到解决的。

如何增进项目沟通的效果

1. 增强沟通各成员之间的能力

在进行项目有效沟通的时候，要充分认识到沟通中的困难，不要简单指望自己发出去的信息会完全地被对方接收和理解。因为各项目干系人的立场、经历，背景等的不同，这些因素会给项目沟通带来很多困难。项目管理者只有充分认识到这种差异，设法以对方能够接受的方式进行沟通，才能达到沟通的最终目的。

沟通各方之间的关系，也会直接影响到沟通的有效性，在项目沟通管理中，应该以项目目标为核心在各项目干系人之间建立和维护良好的工作关系，也就是说，要把各主要项目干系人整合在项目的目标之下，避免各项目干系人片面追求自己的目标并因此而损害项目的整体目标。

项目工作的参与者应该接受相关的培训，只有具备一定的项目管理知识和实践经验，这样即便是在背景和经历上存在差别，也至少在项目管理方面有一些共同之处，从而大大提高成员在项目工作中沟通的有效性。尤其是在重要项目启动之前，项目管理方面的培训就更加必要，它促进成员在以后的项目工作中更好地有效沟通，以减少不必要的麻烦。

所以说，在企业中要推行项目化管理，必须做的一件事就是对员工进行项目管理方面的培训。任何较大项目的管理、任何企业的项目化管理，都不是依靠少数项目管理精英就可以做好的，必须依靠绝大多数员工对项目管理的理解和支持。

2. 克服项目沟通障碍的方法

在执行项目的过程中，有太多的因素会对项目的进展造成影响，这个时候我们就需要进行有效的沟通。沟通并不是一件容易的事情，涉及的利益不同，沟通往往也会产生障碍。虽然克服沟通障碍的方法很多，但对项目管理者最为有用的方法可以概括为以下几种。

（1）利用好反馈信息。

误解是造成很多沟通障碍的主要原因，如果项目管理者在沟通过程中能利用好反馈信息，就可以减少类似问题的发生。反馈信息可以是语言的，也可以是非语言的。反馈不仅包括回应，还包括主动的直接提问和对信息进行概括等。

（2）恰当地使用语言。

由于语言和词汇可能成为沟通障碍，因此项目管理者在沟通时应选择适当的语言和措辞，以使信息清楚明确，以便于接收者理解。有效的沟通不仅需要信息被接收，还需要信息被理解，所以项目管理者必须恰当地使用语言，并注意使用与接收者接受能力一致的词汇，以提高理解效果。

（3）适当使用非语言沟通。

许多学者认为，非语言沟通比语言沟通更重要。因为在沟通过程中，人们往往通过观察和注意他人的行为与表情来判断沟通的效果，所以在项目沟通中要积极使用非语言沟通提示，并确保它们和语言相匹配，起到强化语言沟通的作用。

（4）合理的沟通方式和环境。

根据沟通问题和沟通对象的不同，项目管理者应有针对性地选择不同的沟通方式和沟通环境。对于某些严肃而重要的内容，应当在正式的场合以正式的方式进行沟通；对于某些敏感的个人问题，则可采用一些放松的非正式的方式进行沟通。

（5）正确的沟通时机和营造沟通氛围。

由于项目流程和涉及人员的复杂性，在项目沟通中需要合理地安排沟通的顺序和时机。为了达到良好的沟通效果，项目管理者也应当营造恰当的沟通气氛。具体步骤为：全面考虑沟通目的；选择沟通对象及沟通次序；决定沟通的时机、方式和环境；营造恰当的气氛，引起对方的沟通兴趣；传递信息，并对他人的反馈予以支持和鼓励。

3. 采取多样的沟通方式

项目沟通应该以各种形式进行，包括正式的、非正式的、书面的、电子的、口头的等。正式的、书面的沟通当然是非常重要的，但仅有这些又是远远不够的，各项目干系人之间，尤其是项目团队内部，还需要大量的非正式的、口头的沟通。具体来讲，项目沟通的方式可以分为以下几种。

（1）正式、非正式沟通。

正式沟通是通过项目组织明文规定的渠道进行信息传递和交流的方式。它的优点是沟通效果好，有较强的约束力，缺点是沟通速度慢。

非正式沟通指在正式沟通渠道之外进行的信息传递和交流。这种沟通的优点是沟通方便，沟通速度快，且能提供一些正式沟通中难以获得的信息，缺点是容易失真。

（2）上行、下行和平行沟通。

上行沟通是指下级的意见向上级反映，即自下而上的沟通；下行沟通是指领导者对员工进行的自上而下的信息沟通；平行沟通是指组织中各平行部门之间的信息交流。在项目实施过程中，经常可以看到各部门之间发生矛盾和冲突，除其他因素外，部门之间互不通气是重要原因之一。保证平行部门之间沟通渠道畅通，是减少部门之间冲突的一项重要措施。

（3）单向、双向沟通。

单向沟通是指发送者和接受者两者之间的地位不变，一方只发送信息，另一方只接受信息方式。这种方式信息传递速度快，但准确性较差，有时还容易使接受者产生抗拒心理。

双向沟通是指发送者和接受者两者之间的位置不断交换，且发送者是以协商和讨论的姿态面对接受者，信息发出以后还需及时听取反馈意见，必要时双方可进行多次重复商谈，直到双方满意为止。其优点是沟通信息准确性较高，接受者有反馈意见的机会，产生平等感和参与感，增加自信心和责任心，有助于建立双方的感情。

另外，还有一种非常形式的沟通就是争论和冲突。人与人之间没有争论和冲突是不可能的，关键是如何正确对待争论和冲突。如果能够以正确的态度来对待，或是让那种创造性的争论和冲突有助于达到在正常情况下无法达到的沟通，并有利于沟通和团队的建设。

团队沟通与冲突处理

1. 团队有效沟通的技巧

一个项目团队要想增进沟通效果，使沟通的过程顺畅、高效，除了掌握上一节提到的方式和方法外，还需要在实际的沟通中掌握一些技巧，这是沟通不可缺少的部分。一般而言，项目成员比较常用的沟通技巧有以下几个方面。

（1）真诚的赞美。在沟通中任何人都希望获得别人的认可，而赞美就是最直接的认可，它可以满足一个人的内心需求。所以，很多优秀的项目经理在沟通过程中往往会对沟通对象进行真诚的赞美，让对方产生好感，使沟通更畅通。

（2）适当的幽默。幽默可以使沟通的氛围变得轻松，并且能够有效地化解沟通双方的矛盾、冲突。不过，幽默需要敏捷的思维，它超越了一般的思维模式。所以，在使用幽默技巧的时候，一定要做到随机应变，分清场合和时机。

（3）接受不同的意见。作为项目经理，每天都要和不同的干系人进行沟通，作为项目成员，也需要同上级领导进行沟通。因此，对项目团队

成员来说能够接受上级或下级不同的意见非常重要。

（4）用数字说话。数字是一种语言符号，是一种语言信息。虽然数字是枯燥的，但在项目管理中它让抽象变得具体，让模糊变得形象。比如，项目的目标、成本、时间用具体的数字来说明，沟通时就比较清晰。因此，数字让沟通更有效果。

（5）说话要深入浅出。项目团队成员在进行沟通过程中，如果能够深入浅出地表达出自己的意思，无疑会让沟通对象轻松很多；相反，如果说话太深奥难懂，就会让沟通对象感到费解，进而产生烦躁和抵触心理，给沟通带来很大的障碍。

以上这五种沟通技巧是比较常用的，项目团队成员应该掌握并运用它们。只有如此，才能让整个项目团队在沟通时做到应付自如。

2．项目冲突产生的因素

项目冲突是组织冲突的一种特定表现形态，是项目内部或外部某些关系难以协调而导致的矛盾激化和行为对抗。冲突管理就是引导这些冲突的结果向积极的、协作的而非破坏性的方向发展。在这个过程中，项目经理是解决冲突的关键，他的职责是运用正确的方法解决冲突，并通过冲突发现、解决问题，促进项目工作更好地开展。

那么，为什么会产生冲突呢？从冲突的指向来看，其因素可以归为资源分配冲突、技术意见与工作内容冲突、项目优先权冲突、管理程序冲突、进度计划冲突、人力资源冲突和成员间个性冲突七个方面，具体内容如下。

（1）资源分配冲突。也就是费用冲突，在进行项目工作的分解或分包的过程中，资金和资源数量的多少等方面很容易产生冲突。

（2）技术意见与工作内容冲突。在项目管理中，关于如何完成工作或工作以什么样的标准完成以及在项目实施中的技术问题、性能要求实现性能的手段等方向，不同的部门成员可能会有不一样的看法，从而引发冲突。

（3）项目优先权冲突。项目的具体活动和任务的次序谁前谁后，不同的部门成员看法不一。它不仅会发生在项目内部，也会发生在项目之间。影响项目优先权的因素包括技术风险、财务和竞争风险、预期成本节约、利润增长和投资回报、对其他项目的影响、对分支部门或组织的影响等。

（4）管理程序冲突。许多冲突来自项目应如何管理，项目的干系人会在项目经理的职责和权限、项目经理的上下层隶属关系、界面关系、项目范围、运行要求、实施的计划、与其他组织协商的工作协议、管理支持程序等方面产生冲突。

（5）进度计划冲突。进度计划冲突来源于对完成项目工作任务所需时间长短、次序安排和进度计划等方面的不同意见。它同样可能发生在项目内部，也可能发生在项目组和支持职能部门之间。

（6）人力资源冲突。项目团队成员往往来自其他职能部门，如果这些部门的领导仍拥有项目团队成员的人员支配权，就会引起冲突。更具体地讲，这种冲突体现在人员需求的范围、技能要求、任务分配、职责分配等方面。

（7）成员间个性冲突。项目团队成员因个人价值观及态度方面的差异也会在他们之间引发冲突。个性冲突经常是"以自我为中心"造成的，并且个性冲突往往被表面的沟通问题或技术争端所掩盖。

3. 解决冲突的五种形式

项目管理中产生的各种冲突常常会使项目管理者处于矛盾和不确定的困境中，这时就需要管理者选择冲突解决的最佳方式并及时处理，从而保证项目能够顺利进行，可供选择的冲突解决方式多种多样，通常采用的主要有以下几种。

（1）协商。冲突的各方面对面的协商，尽力解决争端，这是协作与协同的方法，因为各方都需要获得成功。这需要双方以"取舍"的态度进行公开对话。问题解决就是冲突各方一起积极地定义问题、收集问题的信息、制定解决方案，最后直到选择一个最合适的方案来解决冲突，此时为双赢或多赢。但在这个过程中，需要公开地协商，这是冲突管理中最理想的一种方法。

（2）合作。合作是一种理想的解决冲突的方法，团队冲突双方高度合作，并且高度武断。就是说冲突双方既考虑和维护自己的要求和利益，又要充分考虑和维护对方的要求和利益，并最终达成共识。就是双方彼此尊重对方意愿，同时不放弃自己的利益，最后可以达到双赢的结果，形成皆大欢喜的局面，但不容易达到。

（3）妥协。妥协是为了寻求一种解决方案，使得各方在离开的时候都能够得到一定程度的满足。妥协常常是面对面协商的最终结果。一些人认为妥协是一种"平等交换"的方式，能够导致"双赢"结果的产生。另一些人认为妥协是一种"双败"的结果，因为任何一方都没有得到自己希望的全部结果。

（4）回避。回避是日常工作中最常用的一种解决冲突的方法。是指双方都想合作，但既不采取合作性行为，也不采取武断性行为。"你不找我，我不找你"，双方对事情进行回避。不过，采用回避的方式，会有更多的工作被耽误，更多的问题被积压，更多的矛盾被激发，解决不了实质性问题。

（5）缓和。缓和是指努力排除冲突中的不良情绪，它的实现要通过强调意见一致的方面，淡化意见不同的方面。缓和并不足以解决冲突，但却能够说服双方继续留在谈判桌上，相当于求同存异，因为还存在解决问题的可能。在缓和的过程中，一方可能会牺牲自己的目标以满足另一方的需求。

4．处理项目冲突的具体步骤

项目团队能否有效地解决项目冲突，是项目成败的关键。因此，作为项目团队不但要有处理冲突的多套方案，更要有一套规范、创造性和有效解决冲突的具体步骤。一般而言，在解决冲突时应该按照以下几个步骤进行。

（1）对冲突做出说明。冲突发生时，第一时间就是对冲突做出书面的描述说明，明确冲突的含义和内容，只有这样，团队成员才能对冲突更加明确，并提出一致的解决意见。冲突的说明应要尽可能具体、确切一些，要包括对冲突程度的定量描述，如数字、标准等内容。

（2）寻找冲突的原因。对冲突做出说明后，就需要仔细查找原因，因为一个已经或正在发生的冲突会有许多原因，特别是技术性的冲突更是如此。

（3）收集数据。在冲突解决过程初期，团队常常忙于应付冲突的症状，而顾不上研究冲突的原因，一定要让团队避免症状，在得出可行方案之前，收集到足够的实际情况。

（4）得出可能方案。在解决冲突过程中，团队成员要认真仔细，不要轻率地接受最先提出的方案或者最明显的方案。如果这种最先提出的或最明显的方案行不通，他们还得重新做。

（5）评估可行方案。在得出的各种可能方案中，我们有必要对它进行评估，在这一步骤里，负责解决冲突的团队一定要首先对进行评估的可行方案建立起标准，依据评估标准对提出的各种方案进行评估。

（6）决定最佳方案。最佳方案决策的依据是与解决冲突团队成员的知识和技术水平密切相关的，一个拥有丰富的相关专门知识人才的团队才能依据评估标准做出正确的决策。

（7）对项目计划进行修订。有了最佳方案后，接下来就进入实施阶段。此时要明确具体任务，包括成本费用和工时以及每个任务所需的人员和资源，负责方案的成员要了解这些计划情况，要把这些情况与项目的全面计划结合起来，确定这个方案对项目其他部分的影响。

（8）实施方案。制定出实施最佳方案的计划后，负责方案的项目团队成员就要着手行动起来，进行冲突的处理工作。

（9）判断冲突是否解决。方案实施后，团队需要用到第1步里对冲突的说明，把实施方案的结果与冲突说明里明确的情况进行比较。看是否解决了冲突，如果冲突没有解决，需要重新找出冲突的其他根源，再重复上述步骤，直到冲突完全解决为止。

第 *8* 章
采购管理，合理利用资金是项目成功的保障

项目采购管理定义

1. 项目采购的认知与分类

项目采购是指从项目组织外部获得货物和服务的过程。它包含的买卖双方各有自己的目的，并在既定的市场中相互作用。卖方在这里称为承包商、承约商，又叫作供应商。供应商一般是把他们所承担的提供货物或服务的工作当成一个项目来管理。

采购管理可以分为规划采购管理、实施采购、控制采购和结束采购四个过程。前两个过程是为了签合同，后两个过程是为了执行和关闭合同。项目采购是以合同为媒介，一方按合同规定提供货物或服务，另一方按合同规定支付金钱或其他形式的报酬。

项目是综合性很强的工作，需要各种专业人才，专业技术和专业物资。但是项目执行组织不可能拥有所需的全部人员、技术和物资，或多或少需要从外部组织采购。因此，采购工作成了整个项目工作的一个重要组成部分。项目采购包括很多方面的内容，具体有以下分类。

（1）按项目采购形态不同分为有形采购和无形采购，其中有形采购包括货物采购和工程采购，无形采购包括服务采购。货物采购是指通过招标或其他方式采购项目建设所需投入物，如机械、设备、建筑材料等，以及与之相关的服务，如运输、维修等；工程采购是指通过招标或其他方式选择工程承包单位，即选定合格的承包商承担项目建设任务，以及与之相关的服务；服务采购是指通过招标或其他方式采购服务，包括项目投资前研究、准备性服务、技术培训等。

（2）按采购竞争程度不同分为招标采购和非招标采购。招标采购包括国际竞争性采购、有限国际招标和国内竞争性采购。非招标采购包括询价采购、直接采购、自营工程等。

（3）按项目采购主体不同分为个人采购、家庭采购、企业采购和政府采购。个人采购是指个人使用资金进行采购；家庭采购是以家庭为单位发生的采购；企业采购是企业发生的采购；政府采购是各级国家机关、事业单位和团体组织，使用财政性资金采购依法制定集中采购目录以内的或者采购限额以下的货物、工程和服务。

2. 项目采购的方式

采购是项目重要的组成部分，可以说采购管理好坏不仅会影响到项目成本，还可能影响到项目最终的成败。采购的形式多种多样，项目团队需要定义以哪种方式更合适，因为不同的采购方式所取到的效果也会不一样。

采购管理不仅仅是价比三家，而且不能过于片面强调价格的重要性而忽略了供应商的资质，使用后才感慨"便宜没好货"就已经晚了。采购活动不符合要求，会耽误项目的进度，并造成损失。

因此，采购活动要与质量管理相结合，首先筛选出资质合格的供应商，然后货比三家，这是对商品化产品或服务进行采购最好的解决方式。当然，任何采购方式都有其优缺点，需要根据具体情况做出选择。

（1）招标采购。

优点：适用于采购团队对采购内容的成本、技术信息掌握不完全；目的在于获取成本及技术信息，选择合适的供应商。

缺点：过程虽公开透明，但是流程长、手续多，造成效率低下；投标方多，招标方耗时长，花费高。

（2）谈判采购。

优点：适用于缺少应标方，技术复杂，招标内容需要商讨，缺少时间需紧急采购，还有缺少历史记录无法估算合同总额；其实质为竞价谈判，采购团队直接邀请供应商就采购事宜进行谈判。

缺点：不是自由竞争，易造成供应商哄抬价格；不是公开谈判，易造成合同双方串通谋利。

（3）邀标采购。

优点：适用于采购团队清楚了解项目成本及技术信息，并有多家供应商可供选择。

缺点：不是自由竞争，初选供应商少、范围窄；不是公开谈判，所选供应商可能不是最优的。

（4）固定采购。

优点：适用于采购团队清楚了解项目成本及技术信息，但只有少数供应商可供选择；其实质为确定供应商，建立长久关系，以期双方其赢。

缺点：不是自由竞争，易造成对供应商依赖；不是公开谈判，无法控制成本。

需要注意的而是，项目采购不同于销售，销售是以挣钱为目的，而项目采购则是以达到项目既定目标为目的。在项目采购活动中，采购人员一定要牢记采购目标和内容，排除外部干扰，以采购到所需要的产品或服务。

3. 进行项目采购管理的重要性

项目采购管理包括从执行组织之外获取货物和服务的过程，这些过程之间以及与其他领域的过程之间相互作用。项目采购管理作为整个项目管理的子项目，是不可或缺的部分，它起着以下重要作用。

（1）使公司的重点落在核心业务上。大部分公司并不是专门负责采购业务的，但是依旧有不少公司本应该把重点放在市场营销、客户服务以及新产品设计的核心业务上，却在采购业务上投入了大量的时间和资源。因此，通过对项目采购的管理，有利于企业把重点放在核心业务上。

（2）降低项目成本，减少纠纷。能否经济而有效地进行采购，直接影响到能否降低项目成本，也关系着项目未来的经济收益水平。周密的采购计划，不仅采购时可以降低成本，购买到合适的货物或签订合适的服务合同，而且在货物制造、交货以及服务提供的过程中，可以减少纠纷。

（3）保证如期交货。好的采购工作，应通过招标，在招标文件中对所采购的货物或服务的技术规格、交货日期等方面做出具体规定。这样才能保证合同的实施，实现如期交货，提供良好的服务，使项目按计划实施。

（4）提高责任感。采购合同是一份要求卖方承担提供一定产品或服务的责任、买方承担付款给卖方的责任的互相约束的协议。一个内容全面的采购合同能分清责任，提高双方的责任感。

（5）使采购工作透明化。项目采购工作涉及巨额费用的管理和使用，好的采购工作必须在讲求经济和效率的同时，实行透明度比较高的公开竞争性招标。如果没有一套严密而规范化的管理程序，难免会出现贪污、腐败或产生严重的浪费现象，给项目的实施带来危害。

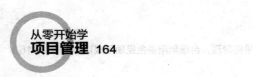

项目采购计划与实施

1. 项目采购计划的内容

项目采购计划是描述如何管理从采购文件编制直到合同收尾的各个采购过程，旨在鉴别那些可以通过采购最优实现的项目需要。在制定计划前，必须明确哪些货物或服务需要外购？以什么方式外购？什么时候外购？具体来讲，项目采购计划包括如下内容。

（1）拟定采用合同的类型。

（2）考虑可能出现的风险管理事项。

（3）是否需要编制独立估算，以及是否应把独立估算作为评价标准。

（4）如果执行组织设有采购、发包或采办部门，项目管理团队可独自采取的行动。

（5）制定标准化的采购文件。

（6）做好供应商的选择和管理。

（7）协调采购工作与项目的其他工作，如制定进度计划与报告项目绩效。

（8）确定采购工作所需的提前时间，以便与项目进度计划相协调。

（9）进行自制或外购决策，并把该决策与估算活动资源和制定进度计划等过程联系在一起。

（10）规定每个合同中可交付成果的进度日期，以便与进度计划编制和进度控制过程相协调。

（11）识别对履约担保或保险合同的需求，以减轻某些项目风险。

（12）确定采购／合同工作说明书的形式和格式。

（13）管理合同和评价卖方的采购测量指标。

2. 供应商的评估与选择

选择合适的供应商，相当于选择一个长期的合作伙伴，对于项目组织而言具有长远的战略意义，因此在项目组织过程中，应该根据相应的标准进行评价，从中选择合格的供应商。一般来讲，供应商的选择标准在项目采购计划的制定过程中，就应该设计出来。

采购评价标准既有客观的评价标准指标，也有主观的评价标准指标。采购评价标准通常是项目采购计划文件的一个重要组成部分。供应商选择的主要决定因素在于价格，但是单以报价定标会导致许多风险和后患，影响项目的顺利实施。

另外，在进行供应商选择的时候还可以利用评估标准给建议书评级或打分。在具体操作时，可以把每一项标准加上一定的权重来表示该项标准的重要程度，如将供应商技术方法的权重定为30%，将管理方法的权重定为30%，将历史绩效的权重定为20%，将价格的权重定为20%，并以此制定一个简短的建议书评价表，从而产生排位靠前的几名供应商。

在得出可能的供应商名单后，进一步进行更细致的建议书评价过程，如具体评价每一位供应商的项目管理能力，评价标准包括供应商项目经理的教育背景和工作经验、项目经理具有PMP认证、供应商项目管理方法介绍等。一般来说，常用的供应商选择的方法具体有以下几个方面。

（1）合同磋商。合同签订前的步骤，包括对合同结构和要求的澄清，以及最终一致意见的达成。合同的内容涵盖责任和权利、适用的条款和法律、技术和商业管理方案等。

（2）加权分析法。其为减小供应商选择中的人为偏见影响而对供应商的定性数据所做的定量分析方法。采取量化评估方法的好处是可以方便地对多个供应商的各项指标进行横向对比。

（3）独立评估法。也称为成本估计，对很多采购项目，采购组织要自己评估价格，如果评估结果与供应商的报价有很明显的差别，则可能意味着卖方对采购询价文件有误解或者没有能够完整答复采购询价文件。

3. 项目采购实施的管理流程

项目采购计划的制定是从识别项目组织需要从外部采购哪一些产品和劳务开始，然后制定出能够最好地满足项目需求的采购工作计划安排的管理流程。一般来说，从起草采购需求说明书，到签订采购合同，至少有四个管理的环节。图8-1显示了采购实施的内部管理流程。

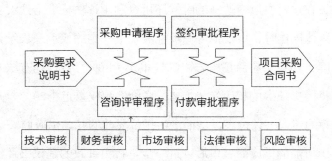

图8-1　项目采购实施的管理流程

（1）采购申请程序。已经纳入项目资源需求计划的采购项目，不需要申请。如果因计划变更需要追加资源采购的情况，则需要相关人员填写规范的资源需求申报单。申报单的作用一是可以作为书面举证，二是有利于存档备查。

（2）咨询评审程序。评审主要围绕着采购的必要性和可行性进行，涉及的领域包括技术、法律，财务、市场，风险等内容，必要时可以聘请外部专家参与。评审的对象一是采购产品本身的性价比，二是产品供应商的实力和信誉。咨询评审不具备最终的决策权，只是筛除不合格的产品和供应商，提供入选的产品和供应商让决策者选择。

（3）付款审批程序。付款审批程序的作用，一方面是将采购工作流程与财务管理程序相衔接，另一方面可防止财务漏洞和腐败现象。它的原则是核验签单批款，例如，预付款根据签署的合同条款，采购款根据产品验收签单，质量保证款需要技术部门的验收报告等。

（4）签约审批程序。签约审批属于采购管理流程中最重要的决策权，一般掌握在项目经理手中，或者由项目发起人手中。和参与评审程序的专家不同，签约审批者才是最后拍板的人。作为最终承担责任的项目经理或项目发起人，他们会站在全局的立场上综合平衡利弊，做出最后决定。

总之，项目采购在实施过程中，这四个程序是必不可少的。另外，为保证采购计划准时有效地实施，应将每一项采购作为一个独立的项目来管理，做出采购项目的WBS工作计划和时间计划，以便更好地指导询价、签约、供货的实施。

4．市场行情调研与询价

无论是咨询评审还是做出采购决策，其重要的前提是要掌握市场行

情。采购工作首先要对市场进行调研，主要集中在两个方面：一是对产品的调研，了解产品的技术性能以及同类产品之间的性价比；二是对产品供应商的调研，了解供应商的背景、实力、信誉等信息。

因此，项目的采购供应管理系统需要建立一套获取产品和供方信息的方法和程序。一般情况下，想要获取市场信息，我们可以通过以下几个途径进行。

（1）从互联网、展会、行业资料、刊物、其他用户收集供货信息，以及供货厂家的各方面的情况。

（2）电话访问，直接征询有关产品的价格、性能及售后技术服务和质量保障情况。

（3）访问供货企业，现场勘查企业的管理、设备、生产能力等方面。

（4）走访市场和以往客户，了解供货厂家的声誉，以及客户对产品使用的反应。

当然，市场信息只能作为采购方做出判断的背景知识，具体的产品信息，还需要通过具体的询价获得。所谓询价就是买方从潜在的卖方获得建议书或标书的整个过程，包括获得报价、出价和合适的建议书或标书。这个过程包括采购文件的最后形成、广告、投标会的召开以及获得建议书或标书。询价的文件可以作为采购需求说明书的附件，也可以作为单独的标准化文件，它通常分为四种类型。

（1）招标邀请书。适用于采购方只有目标要求，没有具体资源组合方案的情况。这时可以分别向不同的供应商发出招标邀请书，要求他们提出各自建议方案连同方案报价，这相当于有了众多的备选方案，然后对比不同的备选方案，选出性价比最高的方案。

（2）报价邀请书。适用于采购方已经有明确的资源组合方案，可以提出非常具体的技术质量要求的情况。比如，你想安装一个办公室网络系统，正好你本人就是网络专家，你自己设计了方案，那么，你就可以直接向不同的设备供应商发出报价邀请书，然后在他们之间做出最佳的选择。

（3）征询建议书。适用于专业服务的采购，比如会计师、律师、咨询顾问等。类似于招标邀请书，只是采购方明确表达了自己没有方案，需要对方提供建议。供方的回复往往也采取国际上通用的建议书格式，采购方只要在认可的建议书上签字就相当于签了合同。

（4）谈判邀请书。适用于垄断型的卖方，采购方没有选择余地，只能邀请对方谈判协商价格。比如，对于某关键的设备，如果只能从市场的某一家供应商获得，采购方只好发出谈判邀请书，协商采购事宜。

项目采购合同管理

1. 项目合同的分类与选择

准备招标的过程就是定义如何获得第三方人员、产品或者服务的过程。合同类型主要有三种，总价合同类型、成本补偿类型以及混合合同类型。三种类型的合同各有优缺点，采购方和供应商所承担的风险水平也是不一样的。在实际采购中，根据需要选择其中一种或几种类型以获取采购活动最佳的"性价比"。

（1）总价合同。

总价合同，是指根据合同规定的工程施工内容和有关条件，业主应付给承包商的款额是一个规定的金额，即明确的总价。总价合同也称作总价包干合同，即根据施工招标时的要求和条件，当施工内容和有关条件不发生变化时，业主付给承包商的价款总额就不发生变化。总价合同还可细分为下面三个类型。

① 固定总价型合同。这种合同形式主要适用于工期比较短、对工程项目要求十分明确的项目。这种合同承包商的报价一般较高，但是，如果业主在签订合同之前能够确定项目建设的具体投资，将承担很少的价格变

动风险。

② 总价加激励费用型合同。这种合同类型为买方提供了一定的灵活性，卖方执行合同的绩效只有不低于既定目标才能获得相应的激励费用。

③ 总价加调整型合同。这种合同类型一般适用于工期长的项目，它有利于买卖双方维持长期关系，根据合同定义的条件，以事先约定的方式对合同价格进行调整。

（2）成本补偿合同。

成本补偿合同，也称为报销成本合同，是指买方根据合同条款为卖方报销合同期间产生的所有合法实际成本，外加一笔费用作为卖方的利润。这种合同一般适用于在项目开始阶段，合同内容无法准确定义，合同范围需要在执行过程中进一步明确并做出调整的情况。其又可细分为下面三个类别。

① 成本加固定费用型合同。这种合同定义买方为卖方报销合同期间产生的所有合法实际成本，并外加一定的利润，合同总额与卖方绩效无关。

② 成本加激励费用型合同。这种合同定义买方为卖方报销合同期间产生的所有合法实际成本，并在卖方达到绩效目标后支付一定的激励费用。

③ 成本加奖励费用型合同。这种合同定义买方为卖方报销合同期间产生的所有合法实际成本，并在卖方取得买方满意度的情况下获取一定的奖励费用。在这种合同中，由于卖方满意度由买方控制，因此具有一定主观性。

（3）混合型合同。

混合型合同，也叫工料合同，具有成本补偿类型合同和总价类型合同的一些共同特征。这种合同一般适用于在项目开始阶段合同内容无法准确定义，合同范围需要在执行阶段进一步明确并做出调整的情况。

这类合同一般是开口合同，上不封顶，与成本补偿类型合同相似，因而买方承担了很大的风险。此外，也定义项目单价，所以同时具备单价合同类型的某些特征。在这种合同中，买卖双方都承担了一定程度的风险。因为合同额不固定，所以买方会承担一定的风险，但合同最大总额上线固定，因而卖方也会承担一定的风险。

2. 采购合同管理的基本原则

采购合同管理是项目管理的一项重要内容，搞好采购合同管理，对于项目活动的开展和经济利益的取得，都有积极的意义。采购合同作为民事法律行为和经济商务行为，在制定和管理的时候需要遵守民法最基本的"诚信"和"公平"原则，又要满足经济学维护"效率"的需要。因此，项目经理必须在合同管理中切实贯彻以下几个的原则。

（1）诚信原则。

诚信原则，是指当事人在签订和执行合同时，应该讲究诚实、恪守信用，以善意的方式履行合同规定的义务。这里有两层意思：一是量力而行地做出现实、可行的承诺；二是严格履行自己的承诺。

根据诚信原则，通常合同当事人在签合同之前应该认真阅读和理解合同文件，明白该合同的确是自己真实意思的表达。此外，在合同实施过程中，项目经理需要根据诚信原则来处理各种问题，如合同中的缺陷、施工承包商的索赔等。

（2）公平原则。

采购合同作为确立项目组织与供应商在项目活动中的民事法律关系

的文件，受法律保护，并在一定的法律背景下起作用。因此，合同是有关法律原则、规定在某一特定情况下的具体表现，合同管理必须遵循公平原则。

根据公平原则，不仅有失公平的合同条款是无效的，而且应该在兼顾双方当事人的利益的前提下，对合同文件进行合理解释。在项目管理工作中，项目经理站在公正的立场上进行合同管理，就是为了维护项目团队与供应商之间的公平。

（3）效率原则。

经济学讲究的是"效率"，如何以尽量少的资源来达到既定的目标或以既定的资源体现目标的最优化。在项目管理中，项目经理需要维护的是整个项目的效率，即实现项目范围、进度、成本和质量目标的综合最优。

根据效率原则，可能需要比较灵活地执行某些合同规定。尤其是聘请良好的职业项目经理进行合同管理工作，这也是维护效率的需要。在项目管理中，需要特别强调的是，由于项目的各分目标之间存在一定程度的相互制约，某一个分目标的优化可能导致其他分目标的损害，所以平衡各分目标之间的综合最优是非常重要的。

3. 采购合同的收尾管理

项目采购收尾是在合同当事人履行完毕各自的合同义务后，进行的已完成工作与成果的验收、验证和交付等方面的工作。结束采购过程还包括一些行政工作。例如，处理未决索赔、更新记录以反映最后的结果，以及把信息存档供未来使用等。需要针对项目或项目阶段中的每个合同，开展结束采购过程。

在多阶段项目中，合同条款可能仅适用于项目的某个特定阶段。这种情况下，结束采购过程就只能结束该项目阶段的采购。采购结束后，未决争议可能需要进入诉讼程序。合同条款和条件可以规定结束采购的具体程序。结束采购过程通过确保合同协议完成或终止来结束项目或阶段过程。一般来说，采购收尾有以下内容。

（1）合同文件。合同文件包括合同本身及与其相关的所有支持文件，包括进度、申请与得到批准的合同变更、卖方制定的所有技术文件、卖方的绩效报告、发票与支付记录等财务文件，以及所有与合同有关的检查结果。

（2）采购审计。采购审计是指对整个采购过程进行系统审查。其目的是找出可供本项目其他事项采购或实施组织内其他项目借鉴的成功与失败之处。

（3）合同档案。应整理出一套编有索引的完整记录，并将其纳入项目最终记录之中。

（4）正式验收与收尾。负责合同管理的人员或组织应向卖方发出正式书面通知，告之合同已履行完毕。关于正式验收与收尾的要求通常在合同中有明确的规定。

需要注意的是，采购合同有可能提前终止。出现这种情况可能是双方协商一致或因一方违约而提前终止，或者为买方的便利而提前终止。合同终止条款规定了双方对提前终止合同的权力和责任，一旦任何一方提前终止合同，一方应该就另一方造成的损失进行补偿。

第 *9* 章
风险管理，决战项目
需要"步步为营"

项目风险管理认知

1. 项目风险的类别

项目风险管理是指一个项目如何在有风险的环境里把风险减至最低的管理过程，是指通过对风险的认识、衡量和分析，选择最有效的方式，主动地、有目的地、有计划地处理风险，以最小成本争取获得最大安全保证的管理方法。

我们之所以对项目风险进行分类，是为了更加深入、全面地认识项目风险，以便采取不同的风险管理策略，有针对性地对它进行管理。按照不同的分类标准，一般可以将项目风险分为以下类别。

（1）按风险来源分类。

可分为自然风险和人为风险。自然风险是指自然的作用造成人员伤亡或财产毁损的风险，如洪水、地震、火灾等造成的损害。

人为风险是指由于人们的活动所带来的风险，它可进一步细分为行为风险、经济风险、技术风险、政治风险和组织风险等。

（2）按风险影响范围分类。

可分为总体风险和局部风险，总体风险是指那些存在于群体行为中的，其结果产生的影响范围涉及整个群体的风险。

局部风险是指那些仅与某个特定个人行为相关的，其结果产生的影响范围也仅涉及有关特定个人的风险。局部风险相对于总体风险而言，其影响范围要小许多。

（3）按风险后果分类。

可分为纯粹风险和投机风险。纯粹风险是指那些只能带来损失的风险，它往往由于外部的不确定因素引起，如自然灾害、连带责任等。纯粹风险只有"造成损失"和"不造成损失"两种可能的后果。

投机风险是指那些既能带来损失又能带来利益的风险，如市场状况的变化、天气情况的变化等。投机风险有"造成损失""不造成损失""获得利益"三种可能的结果。在一定条件下，纯粹风险和投机风险可以相互转化，我们应尽量避免投机风险转化为纯粹风险。

（4）按风险预警特性分类。

可分为无预警信息风险和有预警信息风险。无预警信息风险是指没有任何预警信息而突然爆发的风险，由于这类风险很难提前识别和控制，所以只能采取急救措施来控制和减少其产生的危害。

有预警信息风险是指风险的发生存在一定的渐进性和阶段性。风险的渐进性是指项目风险并不是突然爆发的，而是随着环境、条件变化和自身固定有的规律逐渐发生、发展而形成的。风险的阶段性是指风险的发展是分阶段的，不是一步发展完成的。

2. 项目风险管理的原则

项目风险管理原则建立的基础是前瞻性管理哲学，利用这些原则来有效地管理项目风险，项目经理就能始终保持对项目的掌控，做出更好的项目决策，为项目的成功创造更多机会， 项目风险管理的主要原则有以下几个方面。

（1）系统原则。应该识别、量化并评估可能给项目带来影响的所有因素或风险，可能影响项目的因素或风险包括所有人员、流程、技术、组织和环境影响。

（2）经济性原则。风险管理要考虑成本因素，要以管理的总成本最低为目标，也就是说要考虑风险管理的经济性。这就要求管理人员以经济合理的处理方法将控制风险损失的费用降到最低，对各种费用进行科学、合理的分析。

（3）偏执性原则。偏执是指看待项目的观念。没有谁会愿意托起管理项目风险的责任，这个重任自然就要落在高效的项目经理身上，因此，项目经理必须在像偏执狂一样审视自己的项目的同时，还要全力确保项目接计划执行。

（4）满意原则。无论在项目上投入多少人力、物力和财力，项目的不确定性是一定的，所以，在项目风险管理的过程中，不能要求完全的确定性，要允许一定的不确定性存在，也就是说一定要达到满意的程度。

（5）适当原则。风险管理的水平、类型和可见性应该与风险级别以及项目对组织的重要性相一致，应对风险的成本不应大于风险事件可能带来的损失。

（6）社会性原则。在制定项目风险管理计划和实施项目风险管理措施时，必须考虑周围的环境与项目相关的一切单位、个人等对项目风险的要求。同时，还要使项目风险管理的而每一个步骤符合相关的法律、法规。

（7）连续原则。风险的识别是一个不断重复的过程，风险识别在整个项目过程中反复执行，而不是仅仅在项目开始时执行。

3. 项目风险管理的几个概念

项目运行过程中风险无时不在，比如市场环境的变化、赞助方人事的变动以及风险本身的变化等，这些因素都是不可避免的。因此，在进行风险管理的时候需要应用不同的策略，对识别的风险进行有区别的管理。以下几个概念是项目经理应该掌握和理解的。

（1）风险的本性。风险的本性就是它的"不确定性"，虽然风险有时候可以预测，比如天气预报中的台风，我们可以通过观察卫星云图来观察台风的形成及运动速度，这样就可能预测灾害发生的时间及可能的危害程度。但同时，我们对风险又无法控制，虽然知道有台风，但也不能阻止它的到来。

（2）风险管理的出发点。风险来源于项目本身及其所处的市场环境，所以，风险管理的出发点就是要采取必要的措施减少其发生的可能性及降低其严重程度。

（3）风险管理的实质。风险管理的实质在于责任到人，具体来说就是要指定风险状态由谁跟踪、风险责任人由谁指定、风险方案由谁授权执行以及风险内部沟通由谁负责实施。一个组织内部不仅要成立风险控制委员会，而且应该定义这些人的角色与责任，如表9-1所示。风险责任人不一定是项目团队成员，但他们必须有经验，可以为风险管理提供帮助。

表9-1　风险管理角色及责任一览

干系人 （姓名）	风险管理 （角色）	项目角色	责任	
	风险经理	项目指导委员会	■跟踪项目风险	□授权应急启动
			□安排风险责任人	□风险内部沟通
		项目委托人	□跟踪项目风险	□授权应急启动
			□安排风险责任人	□风险内部沟通
		项目经理	□跟踪项目风险	□授权应急启动
			□安排风险责任人	■风险内部沟通

（4）风险管理的代价。风险应对方案启动后就意味着项目进入变更管理时期，任何应急方案的实施都意味着项目额外的花费。所以，风险管理本质的另一面就是如何以最低的代价来最好地控制和管理项目运行中的风险。

项目经理对这几个概念的认识，有助于更好地进行项目管理。一般来讲，只要通过系统的成本效益分析来制定相对优化的风险管理方案，并与相关项目干系人进行充分沟通，就可以有效提高应对风险的能力和效率。

4. 项目风险管理的重要性

良好的风险管理有助于降低决策错误的概率、避免损失，提高企业自身的价值。风险管理有着极其重要的作用，由于项目环境的复杂性和不确定性变化的加剧，项目面临的各类风险能否被很好地控制将成为决定项目成败的关键。具体地讲，项目风险管理具有以下重大意义。

（1）保证项目总体目标的实现。

项目风险管理的目标定位于使项目获得成功，为项目实施创造安全的环境，以降低项目成本、稳定项目效益、保证项目质量以及使项目尽可能按照计划实施为主要目标，使项目始终处于良好的受控状态，因而风险管理的目标与项目的总体目标是一致的。风险管理把项目风险导致的不利后果减少到最低限度，为项目总体目标的实现提供了保证。

（2）有助于理解项目建设意图。

在风险管理过程中进行风险分析时，要收集、检查、积累所有相关的资料和数据，了解各类风险对项目的影响，才能制定有针对性的措施。这既能使有关人员明确项目建设的前提和假设以及拟定实施方案的利弊，又能加深对项目建设意图的领会，可以更好地实现项目的真正目标。

（3）应付突发事件、明确责任。

风险分析是编制应急计划的依据，是使项目管理人员在发生有重大影响的突发事件时，能在第一时间主动控制事态的前提。风险管理能大大降低风险发生的可能性和带来的损失，也有利于明确各方责任，避免相互推诿而产生新的纠纷。

（4）提高经济效益，减少损失。

重视并善于进行风险管理的企业往往也具有较新的管理理念，有较强的能力来降低发生意外的可能性，并能够在不可避免的风险发生时减少损失。通过有效的风险管理，企业可以提高经济效益和项目管理水平，对于企业发展有着关键性的影响。

项目风险识别与评估

1．项目风险识别的方法

项目风险识别是一项贯穿于项目实施全过程的项目风险管理工作。它不是一次性行为，而应有规律地贯穿整个项目中。风险识别包括识别内在风险及外在风险。内在风险指项目工作组能加以控制和影响的风险，如人事任免和成本估计等；外在风险指超出项目工作组等控制力和影响力之外的风险，如市场转向或政府行为等。

严格来说，风险仅仅指遭受创伤和损失的可能性，但对项目而言，风险识别还牵涉机会选择（积极成本）和不利因素威胁（消极结果）。任何能进行潜在问题识别的信息源都可用于风险识别，要想识别项目风险，就必须依靠识别工具。下面我给大家介绍几种常用的风险识别工具。

（1）核对表分析法。项目经理可以根据自己拥有的相关资料和自己的经验，将经历过的类似项目的风险及其来源制作成一览表，然后再把当前的项目和这个一览表对照，在两相比较的情况下，就可以找出该项目存在的风险以及来源。

（2）图解技术分析法。图解技术分析法也叫事件树分析法，是指利用图解的形式，将可能产生风险的阶段或任务进行分解，以达到逐步分析的目的的方法。图解技术分析法一般是从结果出发，通过层层推进，来逐步查找出项目风险的来源及产生的条件。不过，这种方法适合结构比较小的项目，对于大项目容易造成误判或遗漏。

（3）SWOT分析法。SWOT分析应该算是一个众所周知的工具，包括分析企业的优势（Strengths）、劣势（Weaknesses）、机会（Opportunities）和威胁（Threats）。它是指针对项目内外部竞争环境和竞争条件下的态势分析，即将项目内部的优势、劣势和项目外部的机会、威胁等综合起来，分别写在矩形阵列中，然后经过系统分析，从而得出和风险有关的相应结论。

（4）德尔菲技术分析法。又称专家规定程序调查法。该方法主要是由调查者拟定调查表，按照既定程序，以函件的方式分别向专家组成员进行征询，而专家组成员又以匿名的方式（函件）提交意见。经过几次反复征询和反馈，专家组成员的意见逐步趋于集中，最后获得具有很高准确率的集体判断结果。运用在项目上就是召集一群对项目有丰富经验的专家，让他们给出建议或预测，最后，让这些专家对这些匿名的意见或预测进行反馈，直到得到准确结果。

（5）风险登记册。风险登记册就是把项目在实施过程中可能遇到的各种风险和解决办法登记在册，以便在项目实施过程中为控制和避免风险提供参考和依据。在项目管理中，很多人喜欢运用风险登记册来识别风险，但不少人因为不精通登记册的运用，在编制登记册时往往会遗漏一些重要信息。

2. 识别项目风险的注意事项

项目风险识别在于找出影响项目目标顺利实现的主要风险因素，并识别出这些风险究竟有哪些基本特征、可能影响到项目的方面。一旦风险发生，就会直接影响项目诸多限制条件中一个或者多个。因此，项目经理必须做好项目风险识别工作，及时的识别风险才能减少损失。在风险识别时具体需要注意以下几点。

（1）风险识别应该贯穿项目始终。最早识别的风险实际上就是项目启动阶段所识别的假设条件，风险识别在项目完成交付后才算结束。

（2）风险识别应允许形式多样化。风险识别可以通过正式的周期性的讨论方式进行，也可以通过非正式的随机的方式进行。

（3）风险识别应允许人人参与。风险识别可以由项目内部人员或项目外部人员随时随地提出，识别出的项目风险应被认真对待，并由项目经理记录在风险注册表中。

（4）风险意识应该变成一种"习惯"。项目不论大小，项目经理都应该安排充足的时间去识别、评估风险，并对其进行管理。当这种"习惯"变成"自然"之后，不仅可以有效帮助项目管理，而且对日常生活也大有益处。

（5）风险识别应该关注"细节"。一个项目可能因为一个细节而毁于一旦，细节决定成败，风险识别应特别关注"细节"。

（6）风险识别应注意"方法"。项目风险的最大来源就是项目本身，猜想项目的风险不是正确的方法，识别项目风险应该基于项目章程、项目计划书、项目工作分解等。

3. 给项目风险评估一个指标

风险评估的指标相当于度量风险的一把尺子。项目风险是一个综合现象，并涉及对未发生事件的预测和评估，因此往往需要许多把标尺才能勾画出它的特征。下图相当于风险评估的六把常用标尺。通过对这几个方面的把握，就能对风险进行全面的衡量。

（1）风险发生的可能性。这是首先要关心的问题，因为风险事件的发生具有随机性，但并不意味着没有规律可循，测算随机事件最常用的方法是概率分布统计法，其估算出来的结果就是风险概率。

（2）风险后果的危害性。即量化风险所带来的有形及无形损失，直接或间接损失。人们常常用货币为单位来衡量风险所带来的损失，因为金钱具有最强的可比性。对于物质损失，采取成本重置法的估算可以非常准确，但是如果涉及生命、信誉、影响范围等问题的时候，往往货币单位就显得力不从心。

（3）对风险的预测能力。对风险的预测能力取决于人们掌握风险相关信息的程度。对某一特定风险，人类从完全不可能预测到可以准确预测，有一个渐变的学习过程。例如，对于气候和瘟疫的预测等，都经历了这样一个学习曲线。这个过程的量化指标，将显示管理者对项目风险的认识能力和控制能力。

（4）风险发生的时间段。这是决定风险发生概率和危害程度的相关指标。一个人在爬第1层楼时发现没带钥匙，和爬到第10层楼才发现没带钥匙的挫折感会截然不同。在很多情况下，时间都是概率和成本的函数，在衡量风险的时候更是如此。

（5）对风险的承受能力。承受能力有主观和客观之分，前者的指标或许取决于投资者的个性，而后者的指标则可以量化测算。例如，我们常常用资产负债率来衡量一个组织承担债务风险的能力，用盈亏平衡点来测算一个投资项目的经营风险。

（6）风险可换取的收益。这是测量项目风险的秤砣或砝码。投资者愿意冒多大风险，在很大程度上取决于收益有多大。马克思说过：100%的利润，就能使人铤而走险；300%的利润，就能驱使人杀人越货。可见，风险和收益是成正比的。

4. 项目风险评估的方法

项目风险评估是指在项目的全生命周期内对项目风险进行连续的辨识和分析，为有效地控制风险提供依据，风险评估通常也分为风险辨识和风险分析。不过，在项目实践中，风险识别、风险衡量和风险评价常常互叠，需要反复交替进行。因此，某些评估方法也是交互使用的，项目风险评估常用的方法有以下几种。

（1）风险解析法。

风险解析法，也称风险结构分解法，是风险识别的主要方法之一。它是将一个复杂系统分解为若干子系统，然后通过对子系统的分析进而把握整个系统特征的一种风险评价方法。

例如，市场风险可以分解为市场供求、竞争力、价格偏差三类风险。对于市场供求总量的偏差，首先将其分为供方市场和需方市场，然后分别进一步分解为国内和国外，其风险可能来自区域因素、替代品的出现以及经济环境对购买力的影响等；产品市场竞争力风险因素又可细分为品种质量、生产成本以及竞争对手因素等；价格偏差因素可分解为诸多影响国内价格和国际价格的因素，随项目和产品的不同可能有很大的不同。

（2）专家调查法。

专家调查法又称为综合评价法或主观评分法，是一种最常用的风险评价方法，既可应用于确定型风险，也可应用于不确定型风险。它是基于专家的知识、经验和直觉，通过发函、开会或其他形式进行调查，发现项目的潜在风险，对项目风险及其风险程度进行评定，将多位专家的经验集中起来形成分析结论的一种风险评价方法。它适用于风险分析的全过程。

专家调查法有很多种，其中头脑风暴法、德尔菲法、风险识别调查表、风险对照检查表和风险评价表是最常用的几种。采用专家调查法时，所聘请的专家应熟悉该行业和所评估的风险因素，并能做到客观公正。专家的人数取决于项目的特点、规划难度难以用完全定量的精确数据加以描述，但都可以利用历史经验或专家知识，用语言生动地描述出它们的性质及其可能的结果。

（3）模糊数学法。

模糊数学法是利用模糊理论评价项目风险的一种方法，因为工程项目风险很大的一部分难以用精确的数据加以描素。现有的绝大多数风险分析模型都基于需要数字的定量技术，而与风险分析相关的大部分信息却很难用数字表示，但易于用文字或句子来描述，项目风险的这种性质决定了其适于采用模糊教学模型来解决问题。

模糊数学法处理非数字化、模糊的变量有其独到之处，并能提供合理的数学规则去解决变量问题，相应得出的数学结果又能通过一定的方法转化为描述性语言。这一特性极其适于解决工程项目中普遍存在的潜在风险，因为潜在风险大多是模糊的、难以准确定义且不易用语言描述。

（4）蒙特卡罗模拟法。

项目风险管理中采用的蒙特卡罗模拟法是一种依据统计理论，利用计算机来研究风险发生概率或风险损失效值的计算方法。这是一种高层次的风险分析方法，其实质是一种统一试验方法，主要用于评估多个非确定性

的风险因素对项目总体目标所造成的影响。

蒙特卡罗模拟法的基本原理是将被试验的目标变量用一数学模型模拟表示，该数学模型又称为模拟模型，模拟模型中的每个风险变量的分析结果及其相对应的多方概率值用一具体概率分布来描述。然后利用随机数发生器产生随机数，再根据这一随机数在各风险变量的分布中取值。当各风险变量的取值确定后，风险总体效果就可根据所建立的模拟模型计算得出。在目前的工程项目风险分析中，这是一种应用广泛、相对精确的方法。

项目风险的应对与控制

1. 项目风险的应对措施

风险应对就是对项目风险提出处置意见和办法。通过对项目风险识别、估计和分析，把项目风险发生的概率、损失严重程度以及其他因素综合起来考虑，就可得出项目发生各种风险的可能性及其危害程度，再与公认的安全指标相比较，就可确定项目的危险等级，从而决定应采取什么样的措施以及控制措施采取到什么程度。

一般来说，风险应对可以从改变风险后果的性质、风险发生的概率和风险后果大小三个方面提出以下多种策略。对不同的风险可用不同的处置方法和策略，对同一个项目所面临的各种风险，可综合运用各种策略进行处理。

（1）减轻风险。

减轻风险主要是为了降低风险发生的可能性或减少后果的不利影响。如何减轻风险，需要根据已知风险、可预测风险和不可预测风险作区别对待，作为项目管理人员，一定要认真应对风险并及时采取措施。

实践表明，如果在项目中不按规范办事，就容易犯错，造成项目的浪费和损失。要想从战略上减轻项目的风险，就必须遵循基本程序，不可有图省事、走捷径的侥幸心理。

（2）预防风险。

预防策略还应在项目的组织结构上下功夫，合理地设计项目组织形式也能有效地预防风险。项目发起单位如果在财力、经验、技术、管理、人才或其他资源方面无力完成项目，可以同其他单位组成合营体，预防自身不能克服的风险。

（3）转移风险。

转移风险又叫合伙分担风险，其目的不是降低风险发生的概率和不利后果的大小，而是借用合同或协议，在风险事故一旦发生时将损失的一部分转移到项目以外的第三方身上。采用这种策略所付出的代价大小取决于风险大小。当项目的资源有限，不能实行减轻或预防策略，或风险发生频率不高，但潜在的损失或损害很大时可采用此策略。

（4）回避风险。

回避风险是指当项目风险潜在威胁发生可能性太大，不利后果也太严重，又无其他策略可用时，主动放弃项目或改变项目目标与行动方案，人为回避风险的一种策略。如果通过风险评价发现项目的实施将面临巨大的威胁，项目管理团队又没有别的办法控制风险，这时就应当考虑放弃项目的实施，避免巨大的损失。

不过，在采取回避策略之前，必须对风险有充分的认识，对威胁出现的可能性和后果的严重性有足够的把握。采取回避策略，最好在项目活动尚未实施时进行，放弃或改变正在进行的项目，一般要付出高昂的代价。

（5）自留风险。

有些时候，可以把风险事件的不利后果自愿接受下来。自愿接受可以是主动的，也可以是被动的。由于在风险管理规划阶段已对一些风险有了准备，因此当风险事件发生时马上执行应急计划，称为主动接受；被动接受风险是指在风险事件造成的损失数额不大，不影响项目大局时，将损失列为项目中一种费用。

自留风险是最省事的风险规避方法，在许多情况下成本也最低。当采取其他风险规避方法的成本超过风险事件造成的损失数额时，可采取自留风险的方法。

（6）后备措施。

有些风险要求事先制定后备措施。一旦项目实际进展情况与计划不同，就动用后备措施。主要有费用、进度和技术三种后备措施。应急费用是一笔事先准备好的资金，用于补偿差错、疏漏及其他不确定性对项目估计精确性的影响；进度后备措施是对项目进度方面的不确定因素制定的紧凑进度计划；技术后备措施专门用于应对项目的技术风险。

总之，在设计和制定风险处置策略时，一定要针对项目中不同风险的特点采取不同的处置方式。在实施风险策略和计划时，应随时将情况的变化反馈给风险管理人员，以便能及时结合新的情况对项目风险处理策略进行调整，使之适应新的情况，尽量减少风险导致的损失。

2. 项目风险的控制策略

在很多项目中，管理者大部分是处于被动管理状态，当项目没出问题时，觉得工作轻松，自认为管理到位；等出了问题找上门来再去解决问题，则像消防队员救火一样东奔西跑，忙得不可开交。其实，项目建设中很多问题发生后往往很难解决，这就需要项目管理者要有很好的风险控制能力。下面就来看看一些有效的风险策略。

（1）首先处理高优先级风险。制定一份扫除高风险因素的工作计划，如果问题出现了，早知道总比晚知道的好。如果有不可行或接受不了的地方，尽快确定，以便管理高层可以决定该项目是否值得继续投入资金和资源。

（2）使用迭代、分阶段的方法。通过把项目工作分解至多个迭代过程和阶段来提供一个系统的方法，实现更快、更频繁地向项目干系人提供有形成果输出。然后和项目干系人一起审查这些成果并获取他们的反馈，这样一来，最大的风险——项目干系人的期望和满意度就得到了很好的控制。

（3）保证计划过程的质量。在项目的各个阶段，一定要在计划过程中审查质量，这一步有助于识别计划过程中的缺陷，如果这些缺陷没有被检测到，就会转化为未知风险，可能给项目造成很大的影响。

（4）进行独立的质量保证审核。拥有独立、经验丰富、客观的第三方质量保证审核是识别风险因素和确定最佳应对策略的有效手段。如果关键项目干系人没有经验、政治气氛浓厚或者有多方厂商参与时，这种方法尤其有用。

第 *10* 章
收尾与评价，给项目
一个完美的谢幕

项目的结束与验收

1. 项目结束时的清单

项目结束是终结一个项目或项目阶段的管理工作过程。如果没有结束过程对项目结果的验收和接受，就盲目结束项目或开始下一阶段工作，会导致客户或管理层不满意或给项目的下一阶段的工作留下许多隐患。因此，在项目结束时，我们要处理好以下清单的内容，确保项目圆满完成。

（1）获得客户认可。这一步应该在结束项目前就完成，这通常会作为用户验收、实施后走查或最后通过会议的退出标准来处理。关键在于确保客户正式确认并接受项目可交付成果。

（2）将可交付成果交付给所有者。在项目得到客户认可后，就应该完成必要的步骤并将项目可交付成果交给客户。

（3）合同义务完结。项目结束后，交付完可交付成果，合同也应该相继地完结。这时应与采购顾问协作，确保履行了合同关系中的所有义务，满足了所有退出标准。

（4）总结经验教训。不管是项目好的方面还是坏的方面，都要做相应的总结。因为现在的经验可能为以后的项目提供富有建设性的意见，同时避免犯类似的错误。

（5）更新中央信息储存库。将所有项目管理记录以及尽可能多的项目可交付成果保存在组织的中央信息储存库中，为将来的项目储备经验。

（6）公布财务状况。根据项目的性质，同会计人员和采购人员协作，确保完成所有的财务交易，比如开具发票等。此外，还要制定最终项目财务报告，如预算汇总和偏差分析。

（7）更新资源安排。这个步骤贯穿项目始终，确保组织里安排资源的人提前了解项目团队成功完成任务所用的时间以及可以接手其他项目的时间。

（8）绩效评估。虽然整个项目过程中都需要向团队成员进行绩效考核，但在项目正式结束时，应该完成正式的绩效评估表格和流程，这事关项目团队成员的职业发展。

（9）征求意见。客户满意度的最佳证据就在于项目发起人无论是个人还是组织，都应该从一开始就要有为之努力的目标。当项目完成后，就要征求客户的意见或评价。

（10）庆祝胜利。正式的庆祝是结束项目的最好方法，因为这样的方式是对团队的贡献和项目目标实现的认可，要从一开始就计划好庆祝活动。

2. 项目结束的最终验收

项目验收，也称范围核实或移交，它是核查项目计划规定范围内各项工作或活动是否已经全部完成，可交付成果是否令人满意，并将核查结果记录在验收文件中的一系列活动。项目验收的依据是项目计划或经过修正后的项目计划。

项目最终验收不仅要确认项目的范围和质量是否符合设计要求，项目产品能否发挥所要求的功能，而且要确认项目的成本和进度绩效是否符合要求。总的来说，项目最终验收就是要确立项目有没有以及在多大程度上实现了项目目标。

项目最终验收可以采取多种方法进行，项目产品的整体试运行是项目最终验收之前必须进行的工作，人们不仅可以在试运行阶段对项目产品进行调试和修正，还可以通过考察试运行的过程和结果来判断项目产品的功能是否符合要求，在试运行的基础上，再由各主要项目干系人组成的验收小组运用现场实地考察、专家鉴定等方式，对项目进行最后的集中验收。

在项目最终验收之前，需要进行大量的准备工作，具体有以下几个步骤。

（1）必须抓紧项目的收尾，完成所有剩余工作。

（2）必须保证所有已经完成的可交付成果都已经分别在监控阶段通过了实质性验收，项目计划中所要求的部分验收和阶段验收是项目最终完工验收的基础之一，这些部分和阶段验收必须有完整的手续、详细的资料。

（3）为项目集中验收准备汇总资料，在项目实施过程中所形成的文件资料数量庞大且主题分散。项目验收小组不可能也没必要一一加以阅读。各主要项目干系人必须在这些日常所形成的文件资料的最础上，为项目集中验收编制专门的汇总资料，如各种专题报告。

（4）项目文件资料的整理和归档，对项目启动、规划、执行、监控和收尾过程中所形成的项目文件资料，必须进行系统的整理和归档，生成永久性的项目档案资料。

这些资料中的部分，将在项目验收时连同项目产品一同移交给项目发起人，作为将来项目产品运行的重要依据；另一部分则移交给项目执行组织的项目管理办公室，形成新的组织过程资产，供以后类似项目借鉴。

3. 一个成功的收尾带来的意义

项目收尾包括合同收尾和管理收尾两个部分，合同收尾就是与客户一项项地核对，看是否完成了合同所有的要求，项目是否可以结束，也就是通常讲的验收；管理收尾是对于内部而言的，把做好的项目文档等归档，对外宣称项目已经结束，并进行经验教训和总结。

在实际项目管理中，项目阶段管理收尾过程和工作很多时候不被重视。其实，阶段管理收尾工作是一个项目成功的重要管理手段，它和项目的其他工作和任务一样，应该纳入项目计划并按计划落实。项目收尾的意义重大，具体表现为以下几个方面。

（1）为项目提供评审点。

项目经理如何评定自己手头项目当前的绩效，就是通过管理收尾工作、收集项目的最新信息和数据，并将这些数据与项目计划进行比较，来判定项目的绩效。比如，进度是提前了还是落后了，费用是有节余还是超支了，质量是否符合要求等。另一方面，项目经理也是通过项目管理收尾来预测项目的完工绩效，及时发现项目存在或潜在的问题，以便尽早采取纠正措施。

（2）有利于与客户进行沟通。

一个阶段的项目工作完成后，与客户进行工作总结是十分必要的。一方面可以及时了解客户对项目工作的满意程度；另一方面，有些因工作繁忙未能及时签署的文件。这时也尽可以找客户给予签字确认，签了字，当双方出现纠纷时，签字文件就显得非常有用了。

（3）有利于收集、整理、保存项目记录。

项目阶段的工作刚刚完成，项目成员手头都保留有的工作记录，收集起来是非常容易的。所以，在项目收尾时，应该事先列出项目记录存档清单，如在项目每个阶段哪些工作记录需要收集和保存，由谁提供，什么时候提供，文档记录格式和要求等。并告知相关项目成员，除了完成项目工作以外，向项目经理及时提供准确的工作记录也是一项非常重要的工作。

（4）为项目最终收尾提供基本数据。

这点是不言而喻的，只有阶段管理收尾提供的数据真实、准确，才能在项目最终收尾时客观评定项目的最终绩效，总结的经验教训才有借鉴的价值。

总之，作为一个好的项目经理，一定要学会如何收集、整理和保存项目记录，如何做好这项工作呢？一定要重视并做好项目阶段管理收尾工作，千万不要把它当作可有可无的事情。

4. 团队庆祝与成员解散

项目结束，目标实现了，就应该给予认可。认可的形式可以是正式的，也可以是非正式的。对于成功完成的项目，还有许多奖励方法。项目团队可以通过召开会议或大型聚会来庆祝项目的成功，并对项目成员表示肯定，也可以颁发纪念章、证书或物质奖励等。

尤其是作为项目经理，激励和感谢是加强自身影响力的好方法。应该尽量对每个团队成员在完成项目期间所提供的帮助和支持以及所做出的努力表示衷心的感谢。当然，对于那些在完成项目中表现不佳的成员也要给予恰当评价，这样工作表现良好的人才会觉得自己的付出有价值，而表现尚有距离的人才会知道将来如何改进工作。

此外，作为项目经理，在项目结束时，最重要的一项任务就是安排某种活动来庆祝项目结束。如果项目非常成功，并且你已获准举办聚会或带团队外出聚餐，那就应该按团队成员喜欢的方式去组织；如果你没有经费支持，至少要举行个小型聚会，愉快地结束项目。庆祝活动不需要有多讲究，一定要设法让每个人尽可能地参加聚会。

天下没有不散的筵席，庆祝也意味着大家将要离开。项目团队成员在项目即将完成时心情是很复杂的。当项目面临结束时，团队成员的情绪会变得不稳定，工作效率也可能下降。当然，如果项目团队成员面临新的机会，状态就会好一些。因此，项目经理有责任处理好团队成员感情上的波动，让大家保持正常的工作状态。

在具体的实施过程中，项目经理必须牢记团队成员是属于企业的。虽然项目完成了不再需要这些员工，但是企业应当更加重视他们，因为他们在项目中为企业做出了应有的贡献。对于企业来说，成功完成企业项目的人员在企业发展中是不可多得的财富。

总之，只有谨慎处理好团队的解散工作才是一个项目完美的谢幕。因为团队成员对项目做出了巨大的贡献，有的甚至是做出了一些牺牲，如果组织没有意识到他们的贡献和牺牲，势必致使团队成员感到失落，这对企业的后续发展也会产生负面影响。

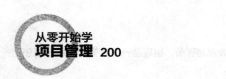
项目收尾后的评价

1. 项目收尾时的审计

项目审计是对项目管理的一种彻底检查,检查管理的方法和程序、文件记录、财产情况、预算和费用支出情况以及工作的完成情况,它可以对项目进行整体检查,也可以只对项目的一部分进行考察。原则上,它包括项目的质量审计、成本审计、风险审计、采购审计等方面,这里主要是指项目的成本审计。

项目审计作为项目管理系统的一个组成部分,用科学的方法和程序对项目活动进行审查,判定其是否合法、合理和有效,借以发现错误、纠正弊端、防止舞弊、改善管理,以保证成本目标的实现。

项目审计既要对项目和企业的会计报表,资产、负债及所有者权益整体状况的真实性和合理性进行审计,又要审查项目收入、支出、盈亏的真实性,还要对经营管理业绩和经济效益的审查,以此提出改进项目管理的建议和措施。

项目审计工作要对项目各个阶段、方方面面的工作进行深入系统的调查和监督。其具体内容主要包括以下几点。

（1）项目目前的状态。已经完成的工作是否达到了计划要求的水平。

（2）未来的状态。是否可能发生重大的进度变化？如果是的话，请说明变化的本质。

（3）关键任务的状态。那些决定项目成败的任务有什么进展。

（4）风险评估。项目失败或财务损失的可能性有多大。

（5）其他与项目有关的信息。正在接受审计的项目的哪些经验可以用到组织正在实施的项目中去。

（6）审计工作的局限性。那些假设条件或局限性对审计数据产生的影响。

以上任务都要在维护国家和企业的利益，在项目成功、顺利建成的前提之下完成。作为项目经理，要树立正确的态度，积极配合审计工作，比如准备好相关的资料交给审计人员。只有消除抵触情绪，项目的收尾工作才能顺利地进行。

总之，管理审计主要关注管理系统和它的应用，项目审计则是在特定组织环境下将特定项目的财务、管理和技术等诸多方面集成起来进行研究。想要取得较好的审计成效，就应该从亏损项目审计入手，以成本费用为重要审计内容，并把审计深入影响项目业绩的每个环节，这样才能发挥审计的效能。

2．项目后评价的特点

项目后评价是指在项目已经完成并运行一段时间后，对项目的目的、执行过程、效益、作用和影响进行系统的、客观的分析和总结的一种技术经济活动。它的指导思想是，如果重新做这个项目，哪些方面可以改进？

其实，无论是复杂的项目工作，还是简单的日常工作，都可以不断改进。对于项目后评价而言，它具有以下几个特点。

（1）权威性。整个项目最终的后评价，一般是由资深专家来做的。他们具有相关方面的丰富实践经验和深厚的理论修养以及卓越的沟通能力和研究能力，得出的评价必然也是权威的。

（2）前瞻性。项目后评价的目的是为以后的项目积累知识，而不是去挑项目的毛病，更不是要去批评做项目的人，尽管需要回顾过去，但回顾是为了前瞻。

（3）全面性。不仅要对项目生命周期的整个过程进行全面评价，而且要对项目的各个方面，如成本、时间、质量、范围、管理、组织、环境影响、社会影响、经济效益等进行全面评价。

（4）公正性。整个项目的最终的后评价，通常由未直接参与项目工作的第三方独立开展。当然，在这之前，各主要项目干系人应该从自己的角度来做后评价，总结经验教训。

（5）反馈性。项目后评价的结果必须及时反馈给有关的项目干系人，甚至相应的行业协会，行业主管部门，以利于项目知识的积累。

由此可见，进行项目后评价是非常有必要的。对项目工作的评价意见，并不会改变项目验收报告或其他文件中对项目成功程度的结论。因为基于当时的情况和条件，人们只能采取这样的做法，而基于项目完成后的认知水平，人们可以指出过去工作中值得改进的地方。这些改进意见可以为今后的工作提供重要的参考。

3. 项目成功的评价标准

项目管理的目标一方面是在规定的范围、时间、成本和质量等限制条件下完成项目，另一方面是满足项目干系人对项目的利益追求。其实，这也是评价一个项目是否成功的标准。从微观上讲，做项目就是要在规定的范围、时间、成本和质量之下完成任务；从宏观上讲，做项目则要满足项目干系人对项目的利益追求。

虽然如此，但这两个方面依旧很难作为项目成功的评价标准，一是对什么是合理的范围、时间、成本和质量要求并没有严格的客观标准，在各个项目上差别较大；二是各项目干系人对项目有不同甚至是矛盾的利益追求，另外，项目干系人的利益追求还会随时间的变化而变化。这就给评价项目成功带来了很大的困难。

首先，项目管理强调要平衡"范围、质量、时间、成本"这几个要素。在当前竞争激烈的经济社会中，大多数项目是有成本限制的。过去，按照这个成功标准实施控制，许多项目的确取得了良好的效果，但也有很多项目用这几个要素来衡量看起来是失败的，比如悉尼大剧院、巴黎铁塔、中国长城等项目不仅在时间上超出，成本上更是超出，当时来看是失败的，但是现在看来确实十分成功的。可见，光用这几个要素作为项目成功的标准也不是很准确的。

其次，项目通常有众多的干系人，他们之间的利益存在冲突。在实际工作中，很难满足所有项目干系人对项目的利益追求，因此，应该把重点放在主要项目干系人身上，只有满足他们的利益追求，项目才算成功。不过，由于各自的利益得到满足的程度不同，各主要项目干系人对项目的成功程度的评价也会不同，如图10-1所示。

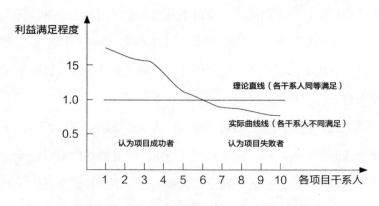

图10-1 各项目干系人对项目的评价

由此可见，似乎没有一个通用的项目成功标准，每一个项目都有自己独特的项目要求，但这并不意味着我们就无法判断项目的成功与否了。总结起来说，一个成功的项目可定义为在规定的范围、时间、成本和质量等限制条件下完成项目任务，并满足各主要项目干系人对项目的利益追求。也就是说"围绕项目目标，控制并满足干系人的期望"，这是项目经理应该追求的方向，也是最接近项目成功标准的。

4. 项目后评价的意义

项目后评价是项目后期管理的一项重要内容，不过，依旧有不少企业对于项目后评价并不重视，甚至有些企业完全忽略项目后评价，这主要是因为很多企业的负责人没有真正认识到项目后评价的意义。

什么是项目后评价呢？它是指在项目已经完成并运行一段时间后，对项目的目的、执行过程、效益、作用和影响进行系统的、客观的分析和总结的一种技术经济活动。它产生于19世纪30年代的美国，当时并没有被广泛运用。随着项目后评价作用的日益凸显，到了20世纪70年代才引起重视，并被许多国家和世界银行、亚洲银行等双边或多边援助组织用于世界范围的资助活动结果评价中。

那么，项目后评价究竟有怎样的意义呢？具体来讲，有以下三个方面。

（1）确定项目预期目标是否达到，主要效益指标是否实现，查找项目成败的原因，总结经验教训，及时有效地反馈信息，提高未来新项目的管理水平。

（2）为项目投入运营中出现的问题提出改进意见和建议，达到提高投资效益的目的。

（3）后评价具有透明性和公开性，能客观、公正地评价项目活动成绩和失误的主客观原因，比较公正、客观地确定项目决策者、管理者和建设者的工作业绩和存在的问题，从而进一步提高他们的责任心和工作水平。

值得注意的是，由于项目后评价具有很好的改善和促进作用，因此，不仅仅对于顺利完成的项目要做，对那些因为各种原因不得不提前终止或失败的项目更要做，只有这样，才能使项目管理者在今后的项目管理中避免犯同样的错误。

附录

▶▶▶ APPENDIX

项目管理专业术语解释

1. 项目范围管理（Project scope Management）

它包括确保成功地完成项目，项目要包括并且仅包括所要求完成工作的过程。它由立项、范围计划编制、范围核实和范围变更控制组成。

2. 项目费用管理（Project Cost Management）

它包括确保项目在批准的预算内完成项目所要求的过程。它由编制资源计划、费用估算、费用预算和费用控制组成。

3. 项目风险管理（Project Risk Management）

它包括对于项目风险的识别、分析和应对所要求的过程。它由风险识别、风险量化、风险应对措施开发和风险应对控制组成。

4. 项目沟通管理（Project Communication Management）

它包括确保项目信息恰当地收集、分发所要求的过程。它由编制沟通计划、信息分发、执行报告和管理收尾组成。

5. 沟通需求分析（Communication Requirements Analysis）

一种分析技术，通过访谈、研讨会或借鉴以往项目经验教训等方式，来确定项目干系人对信息的需求。

6. 沟通技术（Communication Technology）

用于项目干系人之间传递信息的特定工具、系统或计算机程序等。

7. 沟通管理计划（Communications Management Plan）

项目、项目集或项目组合管理计划的组成部分，描述了项目信息将如何、何时、由谁来进行管理和传播。

8. 冲突管理（Conflict Management）

为解决冲突而对冲突情形进行的处理、控制和指导。

9. 项目管理评估（Project Management Assessment）

它是指项目管理的价值主体以其自身价值准则对项目管理过程和结果的有效性进行判断的过程。项目管理评估人员依据相关的准则，运用科学原理和方法，通过对评估对象的项目管理过程和结果进行测量、评定，进而对项目管理做出综合估判，确定项目管理能力和水平的行为和过程。

10. 项目管理团队（Project Management team）

项目管理团队是指直接参与到项目管理工作中的成员。在某些小项目中，项目管理团队可能实际上包括全部项目组成员。

11. 项目人力资源管理（Project Human Resource Management）

包括组织、管理和领导项目团队的各个过程。

12. 职能经理（Functional Manager）

职能型组织内对某部门拥有管理职权的个人，任何实际生产产品或提供服务的团队的经理。有时也称"直线经理"。

13. 职能型组织（Functional Organization）

一种层级组织，其中每个员工都有一位明确的上级，人员根据专业分

组，并由具有该专业领域特长的人进行管理。

14. 识别干系人（Identify Stakeholders）

识别能影响项目决策、活动或结果的个人、群体或组织以及被项目决策、活动或结果所影响的个人、群体或组织，并分析和记录他们的相关信息的过程。这些信息包括他们的利益、参与度、相互依赖性、影响力及对项目成功的潜在影响等。

15. 项目计划（Project Plan）

项目计划是指用来指导项目执行和控制的经过正式批准的文档。项目计划主要用途是提供书面的计划编制的假设和决定，以便于项目相关者之间的沟通，提供的书面计划包括范围、成本和进度的批准的基准计划。

16. 项目计划开发（Project Plan Development）

项目计划开发是指利用其他编制计划过程的结果，合成一个连贯的、表达清楚的文档。

17. 项目计划实施（Project Plan Execution）

项目计划实施是指通过执行项目内的工作来完成项目计划。

18. 项目阶段（Project Phase）

项目阶段是指逻辑上相关的项目工作的集合，通常结束在一个主要的交付物完成时。

19. 项目进度计划（Project schedule）

项目进度计划是指执行项目工作和达到里程碑的计划日期。

20. 项目经理（Project Manager）

项目经理是指负责管理一个项目的人。

21. 项目人力资源管理（Project Human Resource Management）

项目人力资源管理是项目管理的一个子集，它要求使参加到项目中的人员得到最有效的使用。它由编制组织计划、招募工作人员和队伍建设组成。

22. 项目生命周期（Project Life Cycle）

项目生命周期是指顺序形式的项目阶段的集合，这些阶段的名称和数量是由参加项目机构的控制需要来决定的。

23. 项目时间管理（Project Time Management）

项目时间管理包括确保项目按规定时间完成所要求的过程。它由工作定义、工作排序、工作持续时间估算、进度计划开发和进度控制组成。

24. 项目型组织（Projectized Organization）

项目型组织是指项目经理具有足够的权力确定优先级别，并指挥参与项目的个人工作的组织结构。

25. 项目质量管理（Project Quality Management）

项目质量管理包括确保项目满足所执行的标准需要所要求的过程。它由编制质量计划、质量保证和质量控制组成。

26. 资源规划（Resource Planning）

资源规划是指确定为了完成项目工作，需要什么资源（人、设备和材料），数量为多少。

27. 资源平衡（Resource Leveling）

资源平衡是指任何由于资源管理的考虑而决定进度计划（开始和完成日期）的网络分析形式（例如，有限的资源，或在难于管理资源的变更时）。

28. S曲线（S-Curve）

S曲线是指累积的成本、劳动力工时或其他量的图形化显示，按时间点进行绘制。其名称是因为在一个项目上产生的这些曲线类似于S的形状而获得的，它在开始时段内上升比较缓慢，在中间阶段上升加速，最后阶段缓慢收尾。

29. 挣值（Earned Value）

对已完成工作的测量，用该工作的批准预算来表示。

30. 甘特图（Gantt Chart）

展示进度信息的条形图。纵向列示活动，横向列示日期，用横条表示活动自开始日期至结束日期的持续时间。

31. 定量（Quantitative）

定量是指通过数字符号表示事物的特点，定量描述是测量的结果，定量可以通过赋予事物数字或数量，区分出多少、大小、强弱、上下、高低，而使我们便于分析、比较。定量是阐明定性的客观基础。

32. 定性（Qualitative）

定性就是对事物的特质进行鉴别和确定。这种鉴别与确定，注重的是"质"的方面，而不是"量"的方面。定性侧重于获得有关个体素质的质的认识，做出好、差、强、弱等定性的结论。

33. 对比分析法（Comparative Analysis Approach）

对比分析法是指将同一个指标在不同时期（或不同情况）的执行结果进行对比，从而分析差异的一种方法。在进行对比分析时，可以用实际与计划进行对比，也可以用当期与上期进行对比，还可以用行业之间的数据进行对比以及与先进典型对比等方式。

34. 范围（Scope）

范围是指一个项目所提供的产品和服务的总和。

35. 范围变更（Scope Change）

范围变更是指项目范围的任何变更，范围变更几乎总是要求对项目成本和进度进行调整。

36. 范围变更控制（Scope change Control）

范围变更控制是指控制项目范围的变更。

37. 范围定义（Scope Definition）

范围定义是指为了提供更好地控制，把项目主要的交付物分解为比较小的、更易于管理的组成部分。

38. 范围规划（Scope Planning）

范围规划是指开发一个包括项目可行性论证、主要的交付物和项目目标的书面范围说明文件。

39. 费用估算（Cost Estimating）

费用估算是指估算完成项目工作需要的资源费用。

40. 自下而上估算（Bottom–Up Estimating）

估算项目持续时间或成本的一种方法，通过从下到上逐层汇总WBS组件的估算而得到项目估算。

41. 费用控制（Cost Control）

费用控制是指控制项目预算的变更。

42. 费用预算（cost Budgeting）

费用预算是指把费用概算分配到项目的每个组成部分。

43. 风险识别（Risk Identification）

风险识别是指确定哪些风险事件可能影响项目。

44. 风险审计（Risk Audits）

检查并记录风险应对措施在处理已识别风险及其根源方面的有效性以及风险管理过程的有效性。

45. 风险应对开发（Risk Response Development）

风险应对开发是指确定扩大有利环境或减轻威胁的办法。

46. 风险规避（Risk Avoidance）

一种风险应对策略，项目团队采取行动来消除威胁，或保护项目免受风险影响。

47. 风险应对控制（Risk Response Control）

风险应对控制是指在整个项目进行期间对于项目风险的变化做出反应。

48. 工作分解结构（Work Breakdown Structure）

工作分解结构是指针对交付物的项目元素的分组，它归纳和定义项目的整个范围。层次每降一级，代表增加一级项目组成部分的细节定义。

49. 沟通规划（Communications Planning）

沟通规划是指确定项目相关者对信息和沟通的需要。

50. 关键路线（Critical Path）

关键路线是指在一个项目网络图中，决定项目的最早完成日期的工作系列。当某些工作超前或者拖后完成时，关键线路随时都在变化。尽管正常情况下关键线路是为整个项目计算的，但是也可以为里程碑和子项目计算。

51. 关键路线法（Critical Path Method）

关键路线法是指用来预测项目持续时间的一种网络分析技术。这种技术是通过分析哪个工作序列（线路）具有最小的进度安排的机动性（最小时差量）实现的。最早日期是从一个特定的开始日期开始，通过顺推法计算得到的；最晚日期是从一个特定的完成日期开始（一般用正推计算法得到的项目最早完成日期），用逆推法计算完成的。

52. 管理模式（Management Model）

管理模式是指从特定的管理理念出发，在管理过程中固化下来的一套操作系统。可以用公式表述为：管理模式=管理理念+系统结构+操作方法。

53. 合同管理（Contract Administration）

合同管理是指管理与卖方的关系。

54. 合同收尾（Contract Close-out）

合同收尾是指合同的完成和结算，包括所有的遗留问题的解决方案。

55. 活动定义（Activity Definition）

活动定义是指确定完成项目的各种交付物必须执行的具体工作。

56. 活动说明（Activity Description）

活动说明是指在项目网络图中使用的一个简单短语或标识。活动说明通常描述活动的范围。

57. 活动成本估算（Activity Cost Estimates）

进度活动的预计成本，包括执行和完成该活动所需的全部资源的成本，包括全部的成本类型和成本元素。

58. 实际成本（Actual Cost）

在给定时间段内，因执行项目活动而实际发生的成本。

59. 实际持续时间（Actual Duration）

进度活动的实际开始日期与数据日期（如果该进度活动尚未完成）或实际完成日期（如果该进度活动已经完成）之间的日历时间。

60. 基准计划（Baseline）

基准计划是指按批准的变更修订的原始计划（项目、工作包或活动），通常与一个修饰语一起使用（例如，成本基准计划、进度基准计划、执行度量基准计划）。

61. 计划开始日期（Scheduled Start Date）

计划开始日期是指一项工作上原计划的开始时间点，在正常情况下，计划的开始日期在最早开始日期和最晚开始日期之间。

62. 计划完成日期（Scheduled Finish Date）

计划完成日期是指一项工作上原计划的完成时间点。在正常情况下，计划完成日期在最早完成日期和最晚完成日期之间。

63. 监控（Monitoring）

监控是指捕捉、分析和报告项目的执行情况，通常与计划进行比较。

64. 纠正措施（Corrective Action）

为使项目工作绩效重新与项目管理计划一致，而进行的有目的的活动。

65. 监控过程组（Monitoring and Controlling Process Group）

跟踪、审查和调整项目进展与绩效，识别必要的计划变更并启动相应变更的一组过程。

66. 交付物（Deliverable）

交付物是指为了完成一个项目，或项目的一部分，必须产生的可以度量的、有形的、可验证的成果、结果或事项。

67. 验收的可交付成果（Accepted Deliverables）

项目产出的，且被项目客户或发起人确认为满足既定验收标准的产品、结果或能力。

68. 进度计划（Schedule）

进度计划是指参阅项目进度计划。

69. 控制进度（Control Schedule）

监督项目活动状态，更新项目进展，管理进度基准变更，以实现计划的过程。

70. 快速跟进（Fast Tracking）

一种进度压缩技术，将正常情况下按顺序进行的活动或阶段改为至少是部分并行开展。

71. 进度偏差（Schedule Variance）

进度偏差是指一项工作的计划完成量和这个工作实际完成量之间的差。

72. 矩阵型组织（Matrix Organization）

矩阵型组织是指由项目经理和职能经理共同负责按优先级别把项目工作分配到每个人的组织结构方式。

73. 里程碑（Milestone）

里程碑是指在项目中的重要的事件，通常为一个主要的交付物的完成。

74. 里程碑进度计划（Milestone Schedule）

里程碑进度计划是指一个概括级的进度计划或项目框架。它确认了主

要的里程碑，显示了项目为达到最终目标而必须经过的状态序列。

75. 立项（Initiation）

立项是指使机构承诺开始一个项目阶段。

76. 流程（Process）

流程是指将输入转化为输出的一系列活动。企业管理流程是一系列有规律的、有组织的、相互联系的为客户创造价值的活动。

77. 评估（Assess）

评估是指评议、估计和判断。

78. 项目采购管理（Project Procurement May Management）

项目采购管理包括从执行组织的外部获得货物或服务所要求的过程。它由编制采购计划、编制询价计划、询价、供应商选择、合同管理和合同收尾组成。

79. 采购工作说明书（Procurement Statement of Work）

对拟采购项的详细描述，以便潜在卖方确定他们是否有能力提供这些产品、服务或成果。

80. 实际开始日期（Actual Start Date）

实际开始日期是指工作实际开始的时间点。

81. 实际完成日期（Actual Finish Date）

实际完成日期是指工作实际完成的时间点。

82. 突发事件（Risk Event）

突发事件是指可能影响项目变得更好或更坏的随机发生的事件。

83. 利益相关者（Stakeholder）

利益相关者是指参加或可能影响项目工作的所有个人或组织。在这个定义中，供方组织是指该项目组织。利益相关者可包括：消费者、项目产品的使用者、业主、发起该项目的组织、承包商、为项目组织提供产品的组织、内部人员、项目组织的成员等。利益相关者间的利益可能会有冲突。

84. 收尾过程组（Closing Process Group）

完结所有过程组的所有活动，正式结束项目或阶段的一组过程。

85. 工作绩效报告（Work Performance Reports）

为制定决策、采取行动或引起关注，而汇编工作绩效信息所形成的实物或电子项目文件。